カラーでチェック！
カラーで実践！
自己実現のための

7色のすごいチカラ！

カラーコーディネーター
吉田 麻子

推薦

株式会社サンリ会長　西田塾代表
西田文郎

私は全国で、経営者、経営幹部を対象とした、西田塾を実施している。

西田塾とは、経営者としての器、人間としての能力開発を目的に行っている、特別な社長塾である。「成功してしまう脳」「目標を実現できる脳」になっていただくために、私がこれまで三十年余、スポーツ選手や受験生、全国の経営者に対して実践してきた独自のメンタルトレーニングの理論を門下生にお伝えしている。

吉田麻子さんは、北海道西田塾三期を修了した、私の門下生のひとりであり、西田塾で学んだ能力開発の理論と、彼女の専門である色彩の理論を掛け合わせることによって、カラーとメンタルを融合させている。

彼女の講演やセミナーをぜひ全国の皆さんにお聞きいただきたいと思う。「脳が変わる方々」が続出するだろうと思うからである。

カラーという、誰にでも取り入れられるものを、自己実現の道具としたところに、私は大変注目している。脳は、色からかなり影響を受けている。しかもそのスピードは一瞬である。色の意味を知り、戦略的に用いることで、「成功してしまう脳」は、いとも簡単に作り上げられる。

読者の皆さんにお伝えしたい。

自分の色を知ることは、自分自身の強みを知ることに他ならない。

この本を読んで、自分は何色を使えばよいかが分かったら、とことんその色をラッキーカラーとして使いまくって、本当に実践して、成果を上げていただきたい。

私の門下生の本がきっかけで、またひとり日本に成功者が誕生したら、これに勝る喜びはないからである。

皆さんとこの本の出会いを祝福したい。

株式会社サンリホームページ　http://nishida-fumio.com/

まえがき

―ご縁に感謝致します―

こんにちは。吉田麻子です。
この本を手に取ってくださった奇跡的なご縁に心から感謝します。
皆さんは、いま、人生のどんな地点に立っていらっしゃるでしょうか。
目の前の問題解決を求めているのでしょうか。
人間関係に悩んでいるのでしょうか。
自分というものがよくわからなくなっているのでしょうか。
自信がもてなくなってしまっているのでしょうか。
将来のことを不安に感じているのでしょうか。
お金や責任問題の重圧に疲れているのでしょうか。
夢を叶えたいと思っているのでしょうか。

いずれの場合でも、必ず『色』が役に立ちます。

皆さんは『色』を自分の『自己実現』のために用いようと思ったことはありますか？

『色』は、あって当たり前のもの、ファッションやアートでのみ意図的に用いるもの……そんな印象をもっている方が多いのではないでしょうか。

カラーは神様がくれたすばらしい自己実現のための道具です。

皆さんの自己実現に、『色』を道具として用いるにはどうしたらいいかをお伝えします。効果てきめんです。楽しみにしていてください。

この本の中では、ヒンズー教の教えである『チャクラ』を象徴的に引用します。『チャクラ』には、色の象徴的意味がとてもうまく取り入れられているので、色の意味をより分かりやすくするために用いるものです。

私はカラーセラピーを学ぶなかで、この『チャクラ』の内容を知って驚きました。これぞ、カラーを自己実現の道具として用い、人生の学びのステップを明確化するためのすばらしい七色だと理解しました。

『チャクラ』の教えのステップが、「アブラハム・マズローの欲求の五段階説」に酷似していることも、『色』は自己実現の道具として用いることができる、という確信を後押しするものになりました。

『チャクラ』は、赤から順番に、オレンジ、黄色、緑、青、藍、紫と並んでいます。

人生も、赤から順番に、学んでいくのです。本来は幼少の頃から、赤、オレンジ……と紫まで順調に学んでいくべきものかもしれませんが、小さい頃のトラウマや負の経験があった時期などには、満足に学べなかったステップもあるはずです。

つまり、その人に足りない色です。今日気づいたら、これから補えばいいのです。色は視覚的なものですから、見ること、感じることによって補うことができる、まるで人生のサプリメントのようなものです。


まずは自分の症状を知りましょう。

そして必要なサプリメントを摂取しましょう。

どんどんバランスが整い、人生は本来、楽で、幸せで、自然な、リラックスしたものだということに気づいていただけると思います。

この本のなかでは、自己実現のための七つの力を紹介しながら、その力を増幅させる魔法の色たちの効果や意味をお伝えしていきます。


本当に『魔法』です。

この魔法の色たちに出会った後、私の人生が激変しました。

カラーに出会う前の私は、口を開けば、愚痴、不満、悪口、噂話をするような、将来への恐怖と不安をいっぱい抱えたOLでした。

どうすれば自分の人生は好転するのか、どうすれば幸せが手に入るのか、一体自信というものはどのようにして手に入れるものなのか、いつかきっと誰かが幸せにしてくれるんじゃないか。そんなことばかりを考えていました。

ある日、なにげなく開いた雑誌に「カラーコーディネーター」という言葉を見つけ、全身に衝撃を感じたのです。

それからは熱病のように色彩のすばらしさに恋焦がれながら色彩を学び、気がつけばカラーのすばらしさを伝える仕事をしていました。

ひょんなことから『色』というものと出会うことによって、『自分』を知り、『人生』が変わり、『出会い』の不思議が連発し、『奇跡』の洪水が起きていく。洪水の渦の中でつかんだのは、「色は人生をうまく生かせるために、神様がくれた道具なのかも」という気づきでした。

私は色彩の人間へのおそるべき効果を確信し、色彩こそ人生をうまく生かせるためのすばらしい道具であることがわかったのです。

知れば知るほどにびっくりしました。あまりに劇的な効果だからです。

私はこのことがわかったとき、天に現れる神様からの手紙「虹の七色」のメッセージを受け取れたんだ、と思いました。


古代の人たちは、青空に架かる大きな虹をみて、どう感じたことでしょう。「あれは、一体なんだろう。神様は私たちに何を伝えたがっているんだろう」


七色の意味を知り、ビジネスや自己実現、人生に生かしていくことは、その神様からの手紙を読み、実践していくことによく似ています。

私はそれに気づき、実践することで驚きや歓喜、興奮、ミラクル……数えきれないことを味わいました。

ご縁を引き寄せる緑色を使って、出会いのミラクルを楽しみました。

闘争本能を刺激する赤を使って、自分の悔しさをエネルギーに変え、勝つイメージをもち続けました。

黄色を使って、他者に侵害されない確固たる自分を確立し、人生のハンドルを自分自身の手で操縦し、自分のツキと運を信じる力を手に入れました。

さあ、いよいよそれぞれの力についてお話していきます。

読み終わったとき、皆さんの体中に新しい力がみなぎっていることを感じていただけるでしょう。

出会いに感謝を込めて　吉田麻子

まえがき

目次

補足

チャクラとは

　サンスクリット語。「輪」「車輪」「円」等の意味。

　チャクラは体のエネルギーを出し入れする場所にあるとされており、それぞれ対応する内臓や色などがあります。

　チャクラが活性化されていると、エネルギーを体内に取り込みやすくなり、閉じていると、充分なエネルギーを体内に取り込むことができないとされています。

　チャクラを通して出入りするエネルギーは日本語で言うと「気」という言葉が近いようです。

　左図のように、体に七箇所（諸説あり）あるとされていて、それぞれ下から順に第一チャクラ（赤）、第二チャクラ（オレンジ）、第三チャクラ（黄）、第四チャクラ（緑）、第五チャクラ（青）、第六チャクラ（藍）、第七チャクラ（紫）と呼ばれています。

　それぞれのチャクラには色の意味に対応した教え、考え方があります。

　この本では、チャクラそのものを深く学ぶのではなく、このチャクラの色の象徴的意味を人生の学びのステップと捉え、それぞれのステップの色の意味を取り上げています。

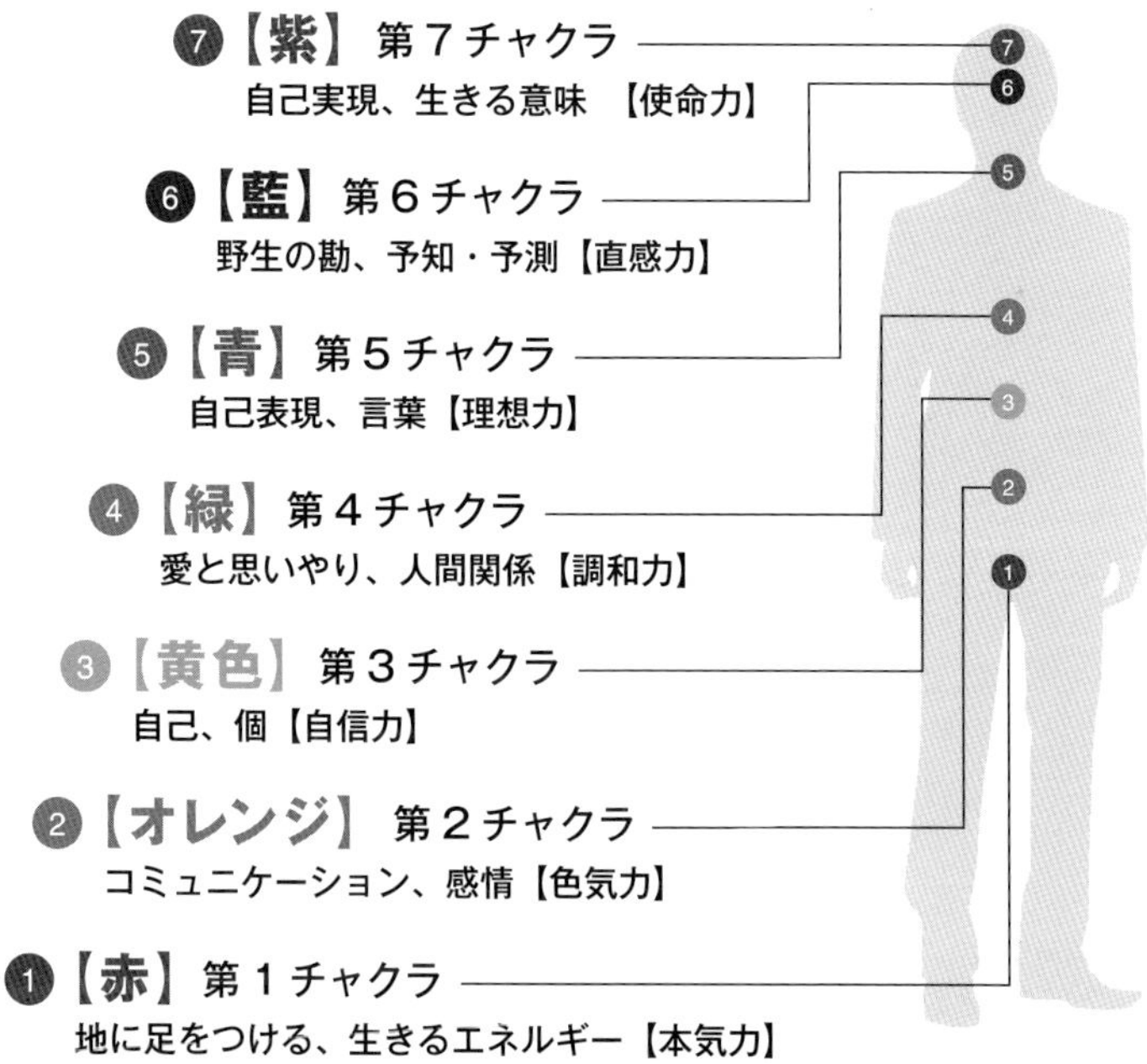
⑦【紫】第７チャクラ
自己実現、生きる意味　【使命力】
⑥【藍】第６チャクラ
野生の勘、予知・予測【直感力】
⑤【青】第５チャクラ
自己表現、言葉【理想力】
④【緑】第４チャクラ
愛と思いやり、人間関係【調和力】
③【黄色】第３チャクラ
自己、個【自信力】
②【オレンジ】第２チャクラ
コミュニケーション、感情【色気力】
①【赤】第１チャクラ
地に足をつける、生きるエネルギー【本気力】

アブラハム・マズロー『欲求の五段階説』

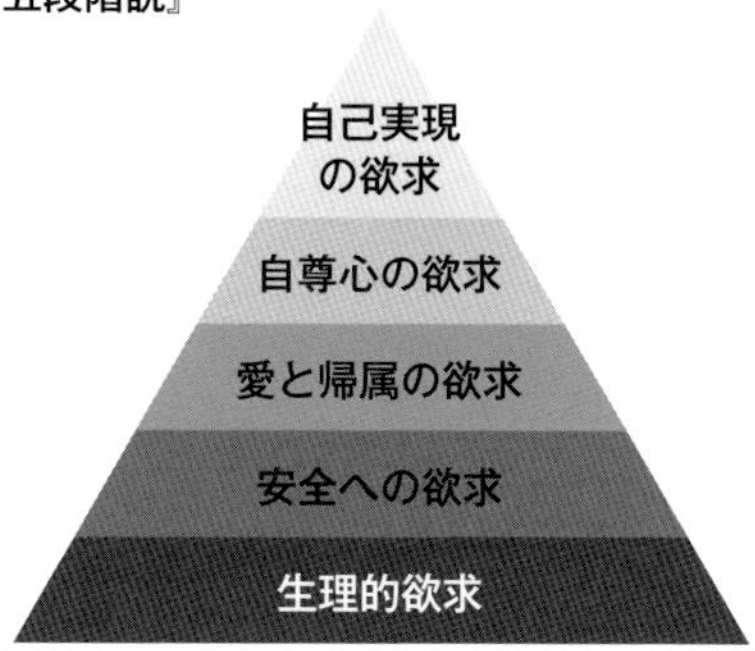
自己実現
の欲求
自尊心の欲求
愛と帰属の欲求
安全への欲求
生理的欲求

Red

赤

「本気力」

悔しさをエネルギーにするステップ

本気力

悔しさをエネルギーにするステップ

【赤】

情熱の色、赤。

世の中で赤いものにはどんなものがあるかを思い浮かべてみてください。赤信号、消防車、消火設備、ポスト、安売りのＰＯＰ、赤ちょうちん……、赤は人を「はっ！」とさせるときに使われています。

赤を見るだけで、人は、瞬きの数が増え、体温が上昇し、筋肉が硬くなり、心拍数が増加するのです。赤は波長が長く、交感神経を刺激します。はっとする、ドキッとする色。赤は興奮色なのです。

赤を目にするだけで、体に力が入ります。気合が入るのです。おとなしい自分の中にも、野生的なものがあるんだ、と感じる瞬間です。

色は好き嫌いもありますが、単なる知覚刺激なので、赤い色を見るだけで誰にも同じように興奮作用をもたらします。

例えば機械の取り扱い説明書等で、赤い文字で何かが書いてあると、

「何か大切な注意書きかな！」

と注目したりします。

「私は青い文字のほうが大切な注意書きのような気がする！」

という方はあまりいません！　万人共通なのです。

これは、色が『インターナショナルランゲージ』たる所以です。色には万人共通の印象効果があります。誰にでも同じように感じるということは、色を記号として象徴的に使えるということなのです。

その色の効果をパッケージやＤＭに用いて売上ＵＰをはかるのもひとつの手ですが、この本では、あなたの人生の自己実現のために、個人的メンタル

面に、色をある種の刺激として用いていただきたいのです。

赤は、象徴的意味として、『情熱』『熱い』『血』『生命』等の言葉をもっています。これらは集合的無意識といわれ、万人共通であることが認められています。

赤い色を見ることで、興奮し、闘争本能が刺激され、野生的な自分を意識できるのです。

スポーツの世界でも、石川遼くんやタイガーウッズが赤を効果的に用いて勝利を手にしています。赤は、自分の「負けず嫌いエネルギー」を高め、自分を奮い立たせ、熱い闘志をみなぎらせ、肉体も精神もパワフルにしてくれる色なのです。アメリカの大統領が赤いネクタイをしているところを見たことがありますよね。赤という色は、権力（パワー）を象徴しているのです。

このような色の力を、個人のメンタルに応用し、自己実現できる自分を手にいれましょう！

まず、七段階の最初のステップ。赤で【本気力】を養うステップです。これからお出しする問いに、正直に答えながら読み進めていってください。YESの数が多ければ多いほど、あなたには既に【本気力】がある、ということになります。そして少なければ少ないほど【本気力】が足りない、赤が足りない、とお考えください。

Q1

悔しくないですか？

いつも負けず嫌いです

最近、「悔しい！」という感情を味わったことはありますか？

それとも、今の自分の評価、自分の置かれている環境・状況、自分の生活、すべてにおいて完璧に大満足していますか？ 大満足していないとしても、あきらめや妥協、卑下等によって、「どうせこんなもんだろう」「別にこれでいいや」という気持ちになっていませんか？

本当に、それでいいのでしょうか？ あなたの心の中に一抹の悔しさもないのでしょうか？

思い出してみてください。小さい頃、ゲームに負けて泣いた、負けず嫌いの気持ち、好きな人にふられて思った「今に見てろよ！」の気持ち、本当は今でもあなたの心に潜んでいるのではないでしょうか。

通常、悔しさはマイナスの感情とされていますから、些細なことで悔しさを感じる自分を「なんでこんなことでいちいち悔しがるんだろう」と、否定しがちです。

例えば、仲間と初詣にいって、誰かが『大吉』を引いて喜んでいるとき、自分は『中吉』だったらどう思いますか？　別になんとも思わない、という方もいるかもしれません。なんだか妙に悔しいな！　と思ってしまう方もいるかもしれません。

例えば、久々に高校時代の友人にあったら『代表取締役』と書いてある新しい名刺を渡されて、「起業したんだよ〜」といわれたとしたら……、自分は今の仕事に満足しているのに、なぜか悔しさを感じる……。これも感じる人と感じない人がいるでしょう。

あなたはどちらですか？

些細なことでも悔しく感じるほうですか？

だとしたら、それは【本気力】を形成するよいファクターとなります！

悔しさがモチベーションの素となり、一念発起してがんばれるのです。

【本気力】のある人は、誰かに頼まれたから義務感でがんばっているのではないのです。自然発生的に「自分から」がんばっているのです。自分の中にある「悔しさ」からスタートしているのです。自家発電のようなモチベーションなのです。

Q2 モテたいですか？

バレンタインチョコは質より量！

学生時代、バレンタインデーはどんな気持ちで迎えていましたか？

「誰からもらえるか」「何人からもらえるか」。

赤が強い人は、相手よりも人数、個数を重要視する傾向があるかもしれません！

「一年生、二年生、三年生……よし！　全学年制覇したぞ！」なぜか、『制覇』という言葉を使ったりします。

『英雄、色を好む』という慣用句がありますが、色でいうと赤が強い人は異性にモテたいという欲求も強いようです。ひとりひとりとのパートナーシップをじっくり育む、というよりは、子孫をたくさん残したい！　多くの女性から人気を集めたい！　というニュアンスのほうが強いようです。

もちろん、実際には最愛の人オンリーに愛情を注いで欲しいですが、「モテたい」という気持ちには、赤がもつ「制覇したい」「攻略したい」、という性質が関係しているので、現実レベルの行動に移さなくとも、モテたいと思う自分のエネルギー値の高さを肯定し、自己実現のガソリンに用いることで【本気力】が強くなるのです。

例えば、友達同士で旅行先を決めようとするとき、赤が強い人は『攻略したい武将タイプ』ですから、『行ったところがない国、場所』を選ぶ傾向があります。旗を立てるようなイメージです。（逆に、赤の少ない人が旅行先を選ぶときには「皆でのんびりできるかどうか」「いつも行っているから」等、違う選び方をします）

織田信長は赤が好きだった、というのを聞いたときには、なるほど！　と思いました。武将たちには、制覇・攻略欲求が多くあったはずです。武将たちには、「なにがなんでも制覇するぞ！　攻略してみせるぞ！」という、【本気力】が備わっていたのでしょう。

Q3 一等賞が欲しいですか？

勉強も、スポーツも、一等賞じゃなくっちゃ！

合唱コンクールやスポーツ大会等では、戦った後、友情や絆、思い出等たくさんのものを手にすることができますが、赤が強い人が欲しいのは、それらよりも、とにかく勝負の結果です。『金賞』や『一等賞』が取れたかどうかが大切です。『銅賞』や『入選』では、喜ぶどころか、むしろ泣いて悔しがっています。

赤い人は、一番前を走る役割なのです。一番前でなければ、意味がないのです。先頭で風をきって、後続の皆に勇気を与え、憧れられる役割なのです。ですから一等賞になれなかったときは、自分の役割をできなかった自分に落胆します。ジャンルは関係ありません。『一等賞』であることが大切なのです！

『一等賞』が取れなくても、人生にはたくさんの楽しいことがあります。例えば運動会で言えば、競技の結果だけじゃなく、友達との楽しい時間、お弁当、勉強しなくてもよい自由な気分……等々、夢中になって楽しめることは山ほどあるはずです。それなのに、赤い人は、結果だけを見ます。

「一等賞か、そうじゃなかったか」

強欲にそこに集中します。妥協はありません。人生は勝負！　勝って当たり前！　負けたら超ショック！　なのです。

【本気力】のある人は、『一等賞』を取れたかどうか、ただそれだけが運動会の成果なのです。その一点の成果から、目を離さないのです。

Q4 責任、取れますか？

口先だけ、とかあり得ない！　常に自分が人生の最高責任者！

「今度ごはんでも食べに行こうね」

「今度○○を持って行きますね」

なにげなく言った社交辞令的な台詞にも、赤の人は強い責任を感じます。

何かをひとつ口にするたび、誰かとの約束が増えていくのです。

赤が強い人は責任感がとても強いのです。

誰かがどこかへ出張に行ってお土産を買ってきてくれたとしたら、赤の人は、

「借りをつくってしまった！　今度は必ず自分が買ってこよう」

と感じます。

自分が過去に言った言葉は自分の責任です。後輩がミスをしたら、自分の

責任です。まるで世の中全部、自分の責任とでも思っているかのようです！

赤が強い人は、責任転嫁をしたり、ずるく逃げ回ったりしません。堂々と責任を取るのです。

誰だって、つい自己防衛本能が働いて、責任転嫁をしたくなるでしょう。

例えば職場の上司に、

「あの書類できてる？」

と聞かれて、

「まずい！　まだできていない！」というとき……。

とっさに、

「あれ？　今日までっていう指示でしたっけ？」

と切り返したりすることがあるかもしれません。完全に、責任転嫁です。

赤い人は、すべて自分の責任だと思っているので、責任転嫁をしません。

【本気力】は能動的なものです。好きでやっていて、好きでがんばっているのです。誰のせいでもなく、自分の責任なのです。

Q5 リスク、取れますか？

趣味は『挑戦』！　リスクはもれなくついてきて当たり前！

一歩、勇気を出して踏み出そうとするとき、もれなく『リスク』がついてきます。

赤が弱い人は、この『リスク』を嫌がるかもしれません。

お金がかかる、手間がかかる、反対意見がある……。リスクを嫌がっていれば、

「だから、やめとこう」という結論になるでしょう。

赤い人は、

「でも、やろう」です。

道なき道を、松明をかかげて皆を導いていく赤い人は、そのスタンスで既にリスクを取っています。先頭を歩いているということは、獣が襲ってくる

かもしれません、崖っぷちに立たされるかもしれません、落とし穴があるかもしれません。

「でも、やろう」なのです。

なぜでしょう。

誰かがやらないとならないからです。

誰かがリスクを背負って切り開いていかないと、道をつくっていくことができないからです。

赤い人はそれを請け負っていきます。

何か新しいことに挑戦しようとするとき、恐怖と不安がつきものです。野性味あふれる【本気力】の人にとっては、敵が襲ってくるかもしれない、飢え死にするかもしれない、という恐怖や不安は人生でお馴染みの持ち物です。その先にある、獲物、成果に焦点が当たっているのです。

Q6 真面目ですか？

仕事きっちり！　掃除当番はサボれませんでした

赤い人は、真面目です。やるべきことはきっちりやります。正しいことが大好きなのです！　まさに、世のため人のために働く正義の味方、赤レンジャーのようなタイプです。

中途半端なことや、曲がったことが苦手です。どんなことでも『最後までやりきる』『やるべきことをやる』、という信条がありますから、掃除当番をサボるなんてもってのほか！　自分がサボれば必ず誰かに迷惑がかかる、ということが我慢できませんから、誰かに押し付けて逃げるということはしません。

勉強もそうです。宿題もきちんとやってきます。だから試験の成績もよいのです。

部活においても、基礎練習の重要性を知っています。だから試合でも花形です。

ビジネスシーンでも、喫茶店でサボるタイプではありません。

いわゆる優等生タイプです。

「なぜ、自分にはいつも学級委員や生徒会、ＰＴＡ会長からキャプテン、班長までリーダー役がいつもまわってくるんだろう」

という方！　まさに赤が強いタイプです。

「きっとこの人なら任せてもやってくれる」ということが、周りに気づかれているのです。真面目で、投げ出さず、きちんとやりきるリーダータイプのキャラクターだということが知られているのです。

【本気力】は、スマートなものではありません。泥くさいものです。野生的なものです。表面だけとりつくろっているものではありません。

誰も見ていなくても、家の土台の部分こそしっかり強くつくりますよね。あれと同じです。

日々の暮らしを真面目に、正しく、きちんとやりきっているかどうか。生活能力があるかどうか。土台の力がしっかりしている人物かどうか。【本気力】は、足腰の力のようなものです。

Q7

物欲、金銭欲はありますか？

実は愛読書は『預金通帳』です！

赤が強い人は、地に足がついている人です。

空想よりも現実を好みます。

夢ばかり追いかけることよりも、目の前の現実の責務をしっかりと全うすることを選びます。

大地にしっかりと根を張って、地球からのエネルギー供給を充分にもらいエネルギッシュに生きている人物のようなイメージを思い描いてみてください。

大地に立つ一本の樹をイメージしてもいいかもしれません。

しっかりとした樹は、嵐が来ても倒れません。地下の見えないところで強い根を張っているからです。

人間もそうです。地に足をつけて大地に根を張って生きている人は、多少の人生の嵐が来ても簡単に倒れることはありません。

地下にしっかり根付いた大木のように、力強く立っています。

このことを現代社会に置き換えると、生活能力があり、基盤となる経済力をしっかりもっている力強い人物、ということができます。

お金を自分で稼ぐことができる能力は、この赤の力が強いほど増大するのです。

樹は地下の養分や水分を根からもらっています。

根をしっかりと張っている、ということは世の中からお金というエネルギーをしっかりともらっていける生活能力の高さに匹敵します。

逆に、赤が足りないと、弱々しく、地に足が着いていない様子の人物になります。

闘争本能が弱く、生きる力が少ない感じです。

切り花は美しいですが、根がありません。いずれしおれてしまうことを内包した、はかない、かよわい美しさです。

この状態に慣れてしまうと、

「どうせ、自分なんかバリバリ稼げない」

「世の中、お金じゃない」

という考え方が固定化します。生活能力がなさそうにみえます。

赤がしっかりある人は、『お金』を手に入れることは、人間の能力として当たり前のことだと思っています。『お金』の量が自分のパワーに関係することも分かっています。

【本気力】のある人は、ものごとを成し遂げるには『力（パワー）』が必要だと思っていて、お金を得ることで自分のパワーが増大していく感覚をもっているのです。

【本気力】のある人にとって、通帳残高は、自分の現在の『パワーチャージ量』であり、『パワー』が増えるほど、わくわくします。

Q8 一匹狼タイプですか？

俺の上司は俺だ！

赤が強い人は独立心が旺盛です。

人から使われている自分……、なんかちょっと違うかも、と思っているかもしれません。

赤の人には、大切にしている「ポリシー（信条）」があります。

「日本人たるもの○○○であるべきだ」

「オトコは黙って……」

というような美学、信条を自分なりにもっています。

ですので、どこかの組織の信条に自分を当てはめたり、順応させたりすることが苦手です。

自分で責任を取れる赤の人は、

「自己責任でいいから、丸投げしてくれないかな〜」

「チーム営業はかったるいなあ」

と思っているかもしれませんね。

組織の中の一員となって自分を出さないようにして働くよりも、一国一城の主のほうが向いているタイプです。

トップは孤独、といいますが、先頭を歩く赤い人にとっては、むしろひとりのほうがサクサクと歩きやすかったりするのかもしれません。

【本気力】のある人は、狼のように堂々と、信じた方向へ向かってたったひとりで、道なき道を歩きます。

赤は生きるエネルギー

さて、ここまで八つの問いに答えていただきました。

いかがでしたか？　ＹＥＳの数が多ければ多いほど、【本気力】があるということです。

あなたの中に、赤の力【本気力】があるのを感じていただけましたか？

中には、怒りや悔しさ等、自分にとって負のエネルギーだと思っていたものもあったのではないでしょうか？

先日、激しく大きな声を出して鳴いているカラスを見て思いました。

「喜怒哀楽のうち、怒りは動物にもあるんだな……」

怒りというのはとても基本的な感情。生存欲求と関係があります。とても原始的で野生的な力。生きていくエネルギーのようなものです。

例えば誰かに馬鹿にされて、悔しい気持ちを感じると、私たちは「怒り」を覚えます。「怒り」は、強すぎると自分自身がそのエネルギーに振り回されてしまったりするので、なんとなく「負の感情」という印象がありますが、実は、「怒り」は、モチベーションリソースになり得るすばらしいパワーをもった感情です。

うまく使えば自己実現に必須のガソリンとなってくれるものなのです。

赤の強い人は、「負けず嫌いエネルギー」を多くもっている人です。

チャクラの教えでは赤は第一チャクラ。場所は、下半身です。足腰です。人間は下半身で地球のマグマからエネルギーをもらっています。地球のマグマからのエネルギーは、そのままではあまりにも野生的なものです。まだ濾過されていない野卑なエネルギーをも含んでいます。知的生命体である人間は、そのエネルギーを知性で濾過したうえで使いたいもの。あまりに赤が多すぎると、野卑なままのエネルギーが下半身のみならず、頭のほうにまで到達し、『アタマに来た』という野蛮な状態になってしまう可能性もあるのです。

暴力や、怒鳴り声等、赤が強すぎる所以です。

「なんだか無性にイライラする」
「焦燥感が抑えられない」
「常に怒りに支配されている」

このような気持ちになることが多い方は、赤ばかりが多すぎる可能性があります。ぜひ他の色の摂取を増やして、バランスを整えてください。

また、赤が多すぎることで、『足かせ』が重い状態になる可能性もあります。地域の慣習や、社会のルール、「ねばならない」ことにとらわれすぎて、身動きがとれなくなるような状態です。責任感は赤のすばらしい長所ですが、いきすぎると義務の量が肥大化して不自由なものです。

〜赤の摂取方法〜

赤の力【本気力】をもっとつけたいと思う方は、日常生活にもっと赤を使ってください。

逆に、赤が強すぎてイライラ、焦りを感じるようなときは、赤を見るのを控えましょう。他の色を増やすとよいです。

各色と自分の距離感の偏りがなくなり、カラーバランスが取れてくると、それぞれの力のバランスも整っていきます。

最後に私がよく行っている「本気力の育成方法」をお伝えします。

〈朝、コーヒーを飲むときのマグカップに赤を使う〉

朝起きて、まずは自分の【本気力】を意識してから一日をスタートさせます。朝一番、というのがポイントです。

〈プレゼンや講演など、『勝負』をかけたいときは、赤い小物を使う〉

「これは勝負だ」ということを意識して自分を盛り上げるために、赤いファイルやペンを持っていきます。『勝負』しようとしていることが先方にも伝わります。

〈熱い思いを伝えたいときは携帯電話の絵文字は赤いものを使う〉

携帯電話の絵文字の色は感情を伝達しています。赤は本気を伝えます。

〈金銭的なことで不安感を覚えたときは、靴を磨く。赤いものを食べる〉

地に足をしっかりつけているイメージをするため、足の裏をアロマオイルでマッサージしたり、靴をピカピカに磨いたりして、大地からのエネルギーをもらいやすくします。また、肉や果実など赤いものを食べることで、自分の中の基礎エネルギーを高めるイメージをもつようにします。

〈朝日を浴びる、炎を見る〉

これはとても効果があります。自然界の色には、人工物よりも多くその色のもつ力があります。

いかがでしたか?

この本では七つの力をお伝えしていきますが、まず第一に整えていただきたいのが、この【本気力】です。

どんなに技術や知識があっても、基礎となる【本気力】がないと、試練に打ち勝つことができません。しっかりと強い生命力、土台となる基礎エネルギーである【本気力】を、赤で高めてください。

【赤】 本気力

		YES
Q1	悔しくないですか?	□
Q2	モテたいですか?	□
Q3	一等賞が欲しいですか?	□
Q4	責任、取れますか?	□
Q5	リスク、取れますか?	□
Q6	真面目ですか?	□
Q7	物欲、金銭欲はありますか?	□
Q8	一匹狼タイプですか?	□

赤の合計点 ＿＿＿＿＿ 点

※3点以下……【本気力】は足りません。赤色をもっと摂取しましょう!
※4点～6点…【本気力】は標準です。他の色とのカラーバランスを取っていきましょう。
※7点以上……【本気力】は多いです。赤色の取りすぎに注意しましょう!

「色気力」

社交能力をつけるステップ

Orange

オレンジ

色気力

社交能力をつけるステップ

【オレンジ】

オレンジ色のものにはどんなものがあるでしょう。

例えば夕陽。暗闇の直前に華やかに空を染めるオレンジ色は、私たちに『勇気』を与えてくれます。寒い冬が訪れる直前にも、野山が鮮やかに染まります。燃えるような紅葉が、私たちに『勇気』を与えてくれます。

オレンジには、『前向き』『ポジティブ』『行動』など、勇気を出してアクションするような象徴的意味合いがあるのです。活発な印象があることから、自転車やスポーツ用品等に好まれて用いられます。

その名の通り、みかんやオレンジジュースなどを思い浮かべる人もいるでしょう。オレンジ色は、食卓にふさわしい色だと言われています。暖色の代表であり、心理的にも暖かさや賑やかさを表す色なので、食欲が増進され、会話が増える食卓になるのです。ファストフードやファミリーレストランなどで、よくオレンジ色が効果的に用いられていますね。暖色には、『時間を長く感じさせる』効果があるともいわれています。そのため、お客さんが長居をしないので、『回転率』を高めることからもオレンジ色の店舗が多いのです。

キャンプファイヤー、焚き火のオレンジ色の炎も象徴的です。

古代の人々は、昼間は狩りや畑作業など、それぞれ働いていましたが、夜になると、皆焚き火のまわりに集まってきて、輪になって、歌ったり、踊ったり、しゃべったり……。オレンジの炎のところはコミュニケーションの場でした。オレンジには、『コミュニケーション』『社交』という意味があります。世界的には『お祭りカラー』として使われていることも多いです。祝祭やカーニバルに、楽しく盛り上がれる色としてオレンジ色が登場しています。オレンジには『楽しい感じ』『ワイワイ盛り上がる感じ』がイメージとして付加されているのです。

また、オレンジなどの暖色は、青などの寒色に比べて、『進出して見える』といわれています。こちらのほうに飛び出しているように見えるのです。そのことから、オレンジ色を身につけていることによって、『積極的』な印象を与えます。ネクタイなどに使用すると、積極性をアピールできます。

さて、オレンジは二つめのステップ、【色気力】を養うステップです。

赤は一匹狼でした。

赤の【本気力】は、とにかく生きること、道なき道を歩いていくことです。

オレンジの【色気力】では、社会性、社交能力、人生を楽しむこと等を問われます。

これからお出しする問いに、正直に答えながら読み進めていってください。

やり方は赤と同様です。YESの数が多ければ多いほど、あなたには既に【色気力】がある、ということになります。少なければ少ないほど、【色気力】がない、オレンジが足りない、とお考えください。

Q1 遊んでますか？

仕事ばかりの人生じゃつまんない！

オレンジの強い人が人生で大事にしていることは、『楽しむこと』『味わうこと』です。

「真面目に仕事だけをやる人生なんて！」

「遊びもたっぷりやって、人生を謳歌したい！」

と考えています。

オレンジの足りない人は、あまり遊んでいないかもしれません。自分を抑制し、ストイックに冷静に暮らしています。目の前にはたくさんの責任があるでしょう。やらなければならないことがてんこ盛り。家と会社の往復の日々になってしまうのです。

世の中には、たくさんのエンターテインメントがあります。コンサート、演劇、映画、ミュージカル……。最近、エンターテインメントを味わっていますか？

オレンジの強い人は、

「せっかく生まれてきたんだもの！　人生もっと楽しまなくっちゃね！」

と思っています。

「仕事ばっかりじゃ、つまんない人間になっちゃいそう！　遊びも大事！」

と考え、スケジュールを管理するときに『遊び』もしっかり組み込んでいくのです。

あなたは遊んでいますか？

レジャーや、飲み会等の優先順位を低く見積もっていませんか？

コンサートや演劇に行かなくても、生きていくことはできます。生命の危険はありません。ですが、コンサートや演劇の会場にはたくさんの人が訪れています。なぜでしょう。そこに、何かがあるからです。訪れている人たちは、歓喜すること、喜び、楽しむことのすばらしさを知っていて、それを人生において大切なことだと思って『遊びに』行っているのです。

遊んでいる人には、【色気】があります。

【色気力】がある人は、義務や責任だけじゃなく、自分の中の『楽しい気持ち』や『遊びたい気持ち』も大切にし、情緒や官能を伸びやかに表現します。

「人生って楽しいね」

「この世の中のすばらしさをもっともっと味わいたい！」

と思い、感じるままに喜びを求めます。

喜んでいる人を見るのは嬉しいものです。

逆に喜びを禁じている人を見るのはせつないものです。

あなたが、自分自身に、もっと喜びを許した瞬間に、あなたはとても【色気】のある人物になるのです。そしてそれは、あなたを魅力的に見せ、周りの人を喜ばせるのです。

Q2 カッコつけてますか？

人からの目線、実はめっちゃ気にしてます！

赤が、山奥でひとりでも生きていける一匹狼だとしたら、オレンジは、山から下りてきています。下界には、コミュニティ、ムラがあります。そこには他の人間、仲間がたくさんいます。ですから、オレンジには人間社会で生きていく能力が必要になります。他者との共存、社会生活をしていくうえでのコミュニケーション能力が問われるのが、オレンジの段階です。


「こんなことしたら、人からどう思われるだろうか」

「この服装、変じゃないかな……。周りの人はどう思うだろうか」

他者からの目線を、おどおど気にしていると、

「他人がどう思おうが関係ない！　堂々としていたほうがいい」

「他者の目線をいちいち気にするなんて！」

と言われたりして、『価値判断を他者に委ねている自主性のない人物』と、捉えられがちですが、そうとも限らないのです。

むしろ『他者からの目線をとことん気にする』ことが、ずばり【色気力】だったりします。

急に髪型やファッションを気にするようになり、お洒落になった人物を、「あいつ、最近、色気づいたな」と言ったりします。

オレンジには、官能的な意味や、パートナーシップを求める意味があり、特に、『異性からの目線』を意識することは【色気力】に関係が深いです。

いわゆる、『カッコつける』というものです。

アイドル歌手は、ファンを『意識』してとことん『カッコつけて』います。ファン達は、そこに価値を見出して、喜びを感じます。

アイドル歌手に限ったことではありません。ビジネスマンもそうです。

スーツの着こなし、靴の選び方、小物のセンス、お店のセレクトまで、

『カッコいい』かどうかはとても大切なことで、その人の評判やイメージに大きく影響を与えます。

【色気力】のある人は、人からの目線をとことん気にしてカッコつけます。

カッコつける＝自分のイメージを操作すること、デザインすることであり、人からの印象が自分の人生にダイレクトに影響することを、【色気力】のある人は知っているのです。

Q3

恋してますか？

異性に、仕事に、人生にときめいてますか？

「ときめき？　十代じゃあるまいし、やること山積みでそんな、ときめくヒマなんてないよ～」

そう思われた方は、ちょっと【色気力】が低いかもしれません。

十代の頃味わった、恋する人のことを想う気持ちを思い出してみてください。

「わくわく、ドキドキ、胸の高鳴る感じ」

「せつなくて、苦しくて、心が張り裂けそうな感じ」

「甘美でとろけるような、最高に幸せな気持ち」

これらのような気持ち、最近感じていますか？

あなたは最近、恋していますか？

「もう結婚して何年も経っていて、そういう恋する感情とは違う愛情にシフトしたよ」

という方もいらっしゃるかもしれません。

「独身だけど、忙しいし、そんな甘いことばかり言っていられないから」

という方もいらっしゃるでしょう。

でも、仕事や人生に対してはどうでしょうか？

ときめき、なくなってしまっていませんか？

「この仕事が大好きだ！」

「このプロジェクトはきっとうまくいく！　わくわくする！」

「自分の人生は、サプライズプレゼントのように思いがけないことがたくさん起こる！　これからどんなことがあるのか、ドキドキ、わくわく！　人生に恋をしている感じがする！」

そう思える方は、【色気力】の高い方です。

オレンジ色の暖炉の前で恋人と過ごすときのような、恋する気持ち。

オレンジ色が強い方は、そんな気持ちで人生を歩みます。

人生には思いがけないことがたくさんあって、喜怒哀楽をたっぷり味わうことができて、胸が高鳴るようなことや、心が張り裂けそうなことがあるけれど、人生はそれ自体すばらしいもので、生身の人間として、主人公として、存分に味わい、謳歌しよう……。そのスタンスが、その人をとても『色っぽく』魅せるのです。

そして人生に恋するようにわくわく生きることは、自己実現を後押しする力そのものとなるのです。

Q4 友達増えてますか？

大人になってからのほうが、友達多いかも！　名刺交換大好きです！

古代、人が集う場であった焚き火の色であるオレンジが象徴するのは、コミュニティ、仲間、人脈、ネットワークといったものです。

オレンジが強い人は、人と人がつながっていくことが大好き。大切な友達がたくさんいます。

「○○さん？　知ってる、知ってる。仲いいよ！」

「△△さん？　親友だよ！」

顔が広いです。いつのまにか、いろいろな人と、どんどん仲良くなっていきます。

いつも携帯電話で誰かと楽しそうに話しています。

異業種交流会等では、知り合いがたくさんいて、いろんな人に声をかけたり、挨拶したりしてイキイキしています。

それだけではなく、知り合いと知り合いをつなげていくことも得意。誰かと誰かが知り合いになったり、つながって縁が広がっていくことが至高の喜びなのです。

オレンジの人は、自分のことだけではなく、人のことを考えています。人とのご縁を大切にし、一期一会をおろそかにしません。それどころか、「一期百会」になるように、ひとりひとりとのご縁をつなぐ努力を惜しみません。

お礼状を書いたり、誘われたら誘い返したり、誰かに紹介したり……。

オレンジの人と話していると、いろんな人の名前がポンポン出てきます。「この世の中には、ステキな人がたくさんいる！　あの人とあの人が知り合ったら、一体どんな楽しい化学反応が起こるんだろう！」

と、わくわくしているのがオレンジの人なのです。

このように友達が多いことは、他者へのサービス精神や、他者との関係性を、人生においてとても重んじることになります。

もっとお互いを知り合いたい！　よく思い、そしてよく思われたい、社会には人がたくさんいるからこそすばらしいんだ、という【色気力】を生むことになるのです。

Q5

人を喜ばせていますか？

人の笑顔が大好き！　職種関係なく、人としてサービス業です！

オレンジが強い人は、人を喜ばせることが大好きです。いつも、誰かのことを考え、どうやって喜んでもらおうか、考えているのです。

例えばサプライズパーティー。その人に気づかれないように誕生日パーティーを企画して、ビックリするような内容を準備します。

例えばプレゼント。相手を喜ばせるためだったら、ときには飛行機に乗ってまで喜ばれるものを用意したりします。

驚く顔が見たいから、喜んで欲しいからです。

「そこまでするか……」というようなことも、楽しみながらやってのけます。本人が一番楽しんでいるのです。人を喜ばせるのが、人生そのものになっているのです。

サービス精神が旺盛です。

オレンジの人からもらったプレゼントには、とても驚かされます。

「え〜っ！　どうしてこれが欲しいって分かったんだろう」

「中身も嬉しいけど、ラッピングもステキ！　感動的なメッセージまでついてる！」

「プレゼントを渡すシチュエーションやタイミングまでバッチリの演出！」

オレンジの人にとって、サプライズの演出はお手の物なのです。

プレゼントそのものだけじゃなく、どうすれば相手が喜んでくれるか、に焦点が合っているので、渡すときの空気感まで考えてプレゼントを渡しているのです。

【色気力】のある人は、自分だけが充足するのではなく、他者との関係性が人生を豊かにすることを知っています。他者が喜ぶことこそが自分の喜びであることを、確信しているのです。

Q6 行動に移してますか？

口ばっかりじゃダメ！　いますぐ行動してこそ価値がある！

「そのうち温泉でも行きたいね～」

誰かがそう話していたら、オレンジの人は、次に会うときには温泉のパンフレットを集めてきています。

「このあと、どうする？　二次会行く？」

皆が二次会に行きたがっていたら、オレンジの人は、携帯電話を取り出して、お店の予約をしています。

オレンジの人は、行動に移します。いつか、きっと、いずれ……ということはありません。即、行動です。

「電話をかけてみよう」

「会社を辞めよう」

「出かけてみよう」

「旅行に出てみよう」

「セミナーに参加してみよう」

「学びをスタートしてみよう」

「買ってみよう」

「会いに行ってみよう」

いずれも、行動に移す前に、多少の不安や恐怖が伴います。なぜならそれは、その人にとって『勇気ある行動』『挑戦』だからです。

カッコいい、【色気力】のある人は、不安や恐怖を認識した上で、

「これください」

「やります」

「行きます」

と、即断、即決をしています。

頭の中で、いつかきっと……、と思い描くだけではなく、きちんと行動に

移していませす。口ばっかりではありません。

常に腰が浮いていて、いつでも行動に移せるような姿勢で生きているので、瞬間のチャンスを逃さないのです。

調子が悪いときも、家の中にこもるよりは、どんどん外へ出て人と会い、自らエネルギーを起こし、調子を戻します。人と会うことにより、自分にエネルギーが発生することをよく知っているのです。

Q7 いいもの食べてますか？

毎日ジャンクフードはありえない！

オレンジの人はグルメ志向です。

赤の人は、『命』とか『とにかく生きていくこと』を大切にしていますから、食事についても、「お腹の足しになればいい」と考え、パソコンの前でおにぎり片手に食事を済ませてしまいがちです。

オレンジの人はそうはいきません。オレンジの人にとって人生は、楽しみ、喜び、味わうこと、謳歌すること、堪能することが大切なのですから、食事は人生においてとても大切なことだと考えています。

テーブルセッティングにこだわります。

花を飾り、キャンドルを灯します。

音楽をかけ、お洒落をします。

こだわりの食材を、丁寧に料理して、美しく盛り付け、味わって、楽しんで食べるのです。

毎日、このようにはいかなくても、本来こうあるべきだと思っているので、たとえコンビニで買うときでも、少しでも『楽しめるもの』『味わえるもの』を選びます。おにぎりだけではなくサラダをつけたり、食後のデザートを楽しんだりするのです。

そしてたまには、大切な人と、美味しいものを食べに行きたいと思っています。

美味しくて雰囲気のよい店をたくさん知っています。

せっかく誰かと会って、どこかでごはんを食べるなら、ちゃんといいものを食べたいと思っていて、それに備えておくために普段からグルメ情報をもっているのです。

雰囲気のよいお店でワインを飲み、料理を味わっているオレンジの人からは、その空気感と渾然一体となった大人の【色気力】が醸し出されます。

Q8

お祭り好きですか？

常に宴会部長です！

「小さい頃から、盆踊りが好き！」

「遠足の前の日は興奮して寝られなかった！」

「学芸会はかなり気合入れた！」

「イベント大好き！」

こういう方は、オレンジが強いです。

オレンジの人は『お祭り気質』があります。

お祭り的なことに、血が騒ぐのです。盛り上がること、大騒ぎすること、皆が集うことが大好きなのです！

仕事でもそうです。

オフィスに閉じこもってパソコン作業をしているよりも、イベント企画、説明会、シンポジウム、勉強会、社内研修、展示会、親睦会、レクリエーションに至るまで、人と人が集う場の創出において本領を発揮するタイプです。

『お祭り気質』はビジネスにおいてオレンジの人の強みになるはずです。人が集う、盛り上がる場に向かっているときの胸の鼓動が、モチベーションリソースになるのです。

我を解放し、踊ったり騒いだりして快楽や興奮を感じるお祭りは、太古から人類が求め、味わってきたもの。忍耐の日常があるから故の、非日常への欲求です。

オレンジの人は、淡々と一年間過ごすよりは、ビジネスにおいても非日常となる『イベント日』があると、そこに向かってモチベーションを上げていきます。ものすごい実力を見せることになります。

『本番に強い』のも【色気力】。

ぜひ仕事の場面で『お祭り』となるものを設定し、いなせな姿を皆に披露してください。

〜オレンジは生きる喜び〜

さて、ここまで八つの問いに答えていただきました。

いかがでしたか？　ＹＥＳの数が多ければ多いほど、【色気力】があるということです。

あなたの中に、オレンジの力【色気力】があるのを感じていただけましたか？

『遊びも大切にする心』『社交的な考え方』『お洒落の大切さ』『ときにはお祭りのように盛り上がる気持ち』あなたにはありましたか？

チャクラの教えでは、オレンジは腸の辺り、第二チャクラになります。感情をつかさどる第二チャクラがしっかり活性化していない、つまり喜怒哀楽を上手に表現できていないと、お腹を壊したりするのも関係がありそうです。

オレンジが足りないと、感情を無視して、楽しむことを禁じ、喜びを否定してしまったり、頭だけで考えてしまったり、そもそもの人生への欲求が低くなってしまう恐れがあります。

また、あまりにオレンジが強すぎると、

「人に会っていないと不安」

「予定を入れていない週末は落ち着かない」

というように、他者に依存する傾向があります。

また、快楽や目の前の楽しみに溺れてしまい、買い物依存やアルコール依存などに陥ってしまう可能性もあります。

あまりにも急激に恋に落ちたり、感情的になってのぼせあがったりするのも、オレンジが多すぎるのかもしれません。

オレンジが強すぎて感情の嵐に巻き込まれてしまわないよう、他の色もバランスよく取り入れてください。

〔オレンジの摂取方法〕

オレンジの力【色気力】をもっとつけたいと思う方は、日常生活にもっとオレンジを使ってみましょう。

逆に、オレンジが強すぎる方、落ち着きたい、冷静になりたい、クールダウンしたい、というときは、オレンジを見るのを控えましょう。他の色を増やしていきましょう。

では、「色気力の育成方法」をお伝えします。

〔キャンドルを灯す〕

最近、仕事ばっかりで無味乾燥な日々……。そう感じたら、アロマキャンドルを灯します。オレンジ色の炎を眺めるだけでロマンチックな喜びを感じるでしょう。

〔携帯電話をオレンジにする〕

より活発なコミュニケーションができるようにします。楽しい会話がどんどんできて、人脈が広がっていくイメージです。同じ理由で名刺入れにもふさわしい色です。

〔自転車やスニーカーをオレンジにする〕

行動力を高めるオレンジの力を借りて、わくわく楽しく行動を起こせるようにしましょう。

〔友達を誘って出かける〕

飲み会を企画して、仲のよい友達を誘ってみましょう。雰囲気のよいお店、美味しい料理をセレクトしてください。

〈月に一度はエンターテインメントデイをつくる〉

気づいたら、何年もコンサートや映画に行ってない……、そんなことにならないように「月に一度」と頻度を決めます。思いがけない効果に驚くはずです。

いかがでしたか？

二番目に整えていただきたい【色気力】をご紹介しました。

人生はエンジョイするもの。私たちは、喜び、味わい、楽しみ、愛し合うために生まれてきていることを、【色気力】は思い出させてくれます。

笑う角には福来る。

【色気力】をもっている人には、HAPPYがたくさんやってきます。

【オレンジ】色気力

		YES
Q1	遊んでますか？	□
Q2	カッコつけてますか？	□
Q3	恋してますか？	□
Q4	友達増えてますか？	□
Q5	人を喜ばせてますか？	□
Q6	行動に移してますか？	□
Q7	いいもの食べてますか？	□
Q8	お祭り好きですか？	□

オレンジの合計点 ＿＿＿＿＿点

※ 3点以下 ……【色気力】は足りません。オレンジ色をもっと摂取しましょう！

※ 4点～6点 ….【色気力】は標準です。他の色とのカラーバランスを取っていきましょう。

※ 7点以上 ……【色気力】は多いです。オレンジ色の取りすぎに注意しましょう！

「自信力」

個を確立するステップ

Yellow

黄

【黄色】

次は黄色です。

黄色いものといえば、どんなものが思い浮かびますか？

幼稚園児の黄色い帽子、ひよこ、たんぽぽ、かわいらしいものが多いです。黄色は子供が大好きな色です。キャラクター等は色を黄色にすると、子供達に好かれてヒットするので、子供向けの商品等にとても適している色です。ただ、どうしてもフォーマルになれないカジュアルな色でもあります。

黄色を用いると大人っぽさを表現することはできず、無邪気で楽しい感じが同居するので、使う場面には注意が必要です。

映画「幸せの黄色いハンカチ」では、黄色という色がもつ象徴的意味合いである『幸福』『HAPPY』がダイレクトに使われています。

黄色といえばゴッホの描いた「ひまわり」を想起する人もいるかもしれません。陽光が溢れるアルルの風景の美しさを黄色にのせて描いたのでしょうか。アルルにあるゴッホの家も黄色だとか。同じくゴッホの描いた「夜のカフェテラス」という絵では、黄と青の対比が見事ですが、ゴッホは黄で人生の『陽』の部分を、青で人生の『陰』の部分を表現したともいわれています。まさに黄色は、『幸福』『HAPPY』『陽』『楽しい』といった意味をもっているのです。

また、黄色には、黄色信号、足元注意、落石注意、黄色と黒の踏み切り、工事現場……、といった、注意を喚起するような役割もあります。眼を引きやすい色です。黒と組み合わせることにより、その効果が増大します。鮮やかさと明るさを併せもつ黄色は、黒と配されると強いコントラストを生み出し、めりはりのある印象的な配色となるため、目立たせたいところに意図的に用いられています。

『イエローページ』や『タウンページ』等のように、「情報たっぷり」という印象を与える色でもあります。黄色には、『知識』『知恵』『情報』等の意味もあるのです。面白い情報がたっぷりあります、ということを伝えたいときに黄色を選択すると効果的です。私は知り合いの経営者の方に、「黄色いネクタイをつけると物知りで知性的に見えますよ！」とアドバイスしたりしています。

携帯電話の中には、いろいろな絵文字が入っていますね。黄色い絵文字は、キラキラマーク、ひらめきマーク等、『光』『輝き』を表現したものが多いです。黄色にはこのように、『光』そのものを表す象徴的意味合いもあるのです。

黄色は三つ目のステップ、**【自信力】**を整えるステップになります。

オレンジの【色気力】では、コミュニティの中で生きていく社交能力を身につけました。黄色の【自信力】では、そのコミュニティの中で生きながら、『自分』というものをしっかり確立していくことが必要となります。

では、以下の【自信力】を問うクエスチョンに答えていってください。

YESの数が多ければ多いほど、あなたには既に【自信力】がある、ということになります。少なければ少ないほど、【自信力】がない、黄色が足りない、とお考えください。「多い」「少ない」の結果にとらわれず、単なる『症状』として認識してください。足りない色も、多すぎる色も、バランスを整えることで改善できます。

Q1

わがまま言えますか？

食べたいもの、行きたい場所は、ガマンせず言っています！

皆でごはんを食べに行こう、というとき、黄色が強い人は『自分の意志』を口に出します。

「俺！　絶対焼肉がいい！」

「え〜、私お寿司は昨日食べたからイヤ」

黄色が弱い人は、たとえランチに焼肉定食を食べていたとしても、

「あ、いいね。焼肉行こうか」

と、自分の意志を表明することができません。

自分の内側に常に『自分の意見』を持ち、それを随所で表現することができるのが、黄色の力です。

洋服でも、旅行先でも『自分の好み』『やりたいこと』がしっかりあるの

です。

自分の内側から『希望』が健全にいつも顔を出しています。

「別に何でもいいや」

「特に希望はないよ」

という口癖が多い方は、もしかしたら黄色が足りないのかもしれません。

「海と山だったら、海がいいな」

「イタリアンより和食が食べたいな」

「今日は一次会で帰りたいな」

というように、要所要所で自分の『わがまま』を他者に伝えることができないと、いつのまにか自分の欲求を封印することになってしまったり、他者が決めた人生を過ごしてしまうことにもなりかねません。

【自信力】のある人は、自分の『希望』を常に把握していて、『わがまま』を口に出すことができています。

後になってから、

「周りの勢いに押されて言えなかったけど、あのとき本当はイタリアンが食べたかったんだよな」

「無理して二次会につきあって疲れちゃったな」

と希望通りにならなかったことを、他者のせいにすることはありません。

自分の『わがまま』を出すということは、その選択に責任をもち、それを選んだ自分を信じることに他ならないのです。

ただ、あまりにも黄色が多すぎる場合には、他者の欲求をさえぎってまでも『わがまま』を出しすぎることがあります。そのような方には、この後の緑の【調和力】が必要になるかもしれません。

Q2 目立ちたがりですか？

スポットライトをこっちに向けて〜！

黄色が強い人は、目立ちたがりのところがあるかもしれません。小さい頃から常に中心にいることに慣れているのです。

黄色には『唯一』『真ん中』等の意味もあることから、黄色の強い人は、その人自身が『真ん中』になります。団体写真を取るときに真ん中に写ったり、飲み会でも話題の中心になることが多いのです。

黄色い人は太陽のような、光のような人。自らが光り輝いて周りを照らすような存在です。黄色い人が部屋に入ってくると、ぱっと照明がついたようにその場の雰囲気が明るくなったりします。

黄色が強い人は、その状態に慣れているので、スポットライトが自分に向いていないと物足りなく感じるところがあるのです。皆が自分の名前を口にすることが大好きです。話題にのぼりたいのです。皆が自分の方を見て注目されるのが心地よいのです。学年で一番の成績になりたがるのも、赤のように一等賞が欲しいからではなく、「目立ちたいから」という理由があるのが黄色い人なのです。

目立ちたいということは、光を発したいということです。輝きたいということです。人は輝いて当たり前、自ら発光して注目を集める存在でありたいというエネルギーは、結局その人の【自信力】を高めることになるのです。

Q3 知りたい欲求、強いですか？

いきなり行動するよりも、まず情報収集が先でしょ！

黄色い人は知的好奇心が旺盛です。

人生で大切なことは『情報』だと思っているので、いかに多くの情報を知っているかを追い求めます。新鮮な情報がなによりのご馳走です。

無邪気な子供のように、「この世の中には、まだ知らない楽しいことがたくさんあるはず！　もっともっと知りたい！」と思っています。

日々の生活でも、いつも情報収集をしたくて、キョロキョロしています。

黄色が強い人と一緒にいると面白いです。

どんどんいろんなものを『見つける』のです。

「いますれ違った人が持っていたバッグ、かわいかったね」

「さっきの店員さん、苗字変わっていたよね」

一緒にコンビニに行っても、

「これ気づいた？　こんな新商品が出てる！」

といった具合です！

黄色の人にとっては、どれも新鮮な情報。新しい知識や見知らぬことの発見は、黄色の人にとってとてもわくわくする心ときめくことなのです。

黄色が強い人に何か報告をすると、反応は二通り。

「うん、知ってるよ」

または、

「えっ！　聞いてない！」

内容への感想や驚きよりも、そのことを自分が既に知っているかどうかがまず最初の反応だったりします。

黄色の人は瞳をきらきらさせて、いつも知的好奇心を膨らませています。

情報番組や雑誌やニュース、本やインターネットから、どんどん新たな知識を得てますます輝いていきます。

黄色の人にとっての『情報』は、農耕の知識や戦術の知識に等しい、生きていくための大切な道具。どんどん仕入れることによって、まるで黄色い電球マークの絵文字のように、アイディアがひらめいたり、脳が楽しくなったりするので、知識や情報の取得が【自信力】に直結しているのです。

Q4

理屈っぽいですか？

口から生まれてきたと言われています

いわゆる「弁が立つ」タイプの人が多いようです。

口がうまい、話すのが上手、言い方はいろいろありますが、黄色い人は、「口から生まれてきた」と言われたことが少なからずあります。

小さい頃、学校で宿題を忘れても、先生を納得させるトークで理由を説明し、ひとりだけ怒られなかったりします。

言語能力が高いのです。理路整然と話します。

どちらかというと、感覚人間というよりは、理論派なのかもしれません。

数字やデータにもこだわります。

「今、女子高生に大人気らしいよ！」という定性的な情報よりも、「購入者の八割が十代らしいよ！」という定量的な情報に心を動かされます。右脳的というよりは、左脳的なのかもしれません。

ときには、自分を守るために、難しい理論で相手を論破することもあります。普段から集めている知識は、そのようなときにも『道具』として効果を発揮するのです。

理路整然としたシステマティックな思考は、計画や企画等の仕事にも適しています。

思いつきや感覚だけではない、構築的な考え方は、とても整理整頓されているので、その状態にある黄色い人は、「どの部分の話をされても大丈夫」という【自信力】をみなぎらせているのです。

Q5 時間管理できていますか？

スケジューリング完璧です！

黄色の強い人は、他者と自分の境界線をつくることが上手です。

自分というものをしっかりともっているので、「他者は他者、自分は自分」と考えることができているのです。

黄色が弱い人は、もしもまっさらな一週間があったとしたら、取引先が入れてきたアポイントを自分の意志と無関係にどんどん入れてしまいます。そこへ上司から仕事を頼まれると、まずその仕事から取りかかります。結果的に、一週間が終わったとき、結局自分のやりたいことに時間を使えず、他者のオーダーをこなす一週間になってしまっているのです。

これではまるで他者が自分の人生をデザインしているかのようです。

黄色い人は、時間は自分が中心となってコントロールしないと、他者がもっていってしまうことを知っていますので、自分のための時間を確保したうえで、他者と共有する時間を創出しているのです。

黄色の弱い人が、

「週末何しているの？　買い物でも行かない？」

と誘われたら、

「何にもないよ！　行こう、行こう」

と言ってしまうかもしれません。たとえ、洗濯や掃除をたっぷりしようと思っていたとしても、毎週必ずスポーツジムを欠かさない習慣があるとしてもです。

ところが黄色の強い人が、

「週末何しているの？　買い物でも行かない？」

と誘われたら、

「土曜日はスポーツジムで受けたいレッスンが午前中あって、午後は溜まっている家事を片付けてしまいたいから、日曜日だったら行けるよ！」

というように、『自分の大切な時間』を確保したうえで、他者との時間を創出し、提案します。

【自信力】がある人は、自分の人生は自分のもので、他者から侵害されないプライベートな時間をつくることは、自分というものを確立するうえでとても大切なことだということが分かっているのです。

逆に、【自信力】がない人は、他者からの侵害をそのままに受け入れてしまうことにより、結局相手に悪気がないのに「侵害」をされている「被害者意識」が醸成されてしまい、ストレスを感じることになってしまうのです。

【自信力】がある人が、自分のプライベートを尊重することは、むしろ他者との関係性において、他者の尊厳も守っていることになるのです。

Q6 探究心はありますか？

好きな分野はとことん、しつこく、どこまでも！

黄色の強い人は、大好きなこと、気になることを、深く追い求める傾向があります。マニアックな一分野に精通している人が多いかもしれません。

子供の頃、得意な科目と不得意な科目の差が激しかったかもしれません。赤い人は責任感や真面目さで勉強しますが、黄色の人は『好奇心』で勉強します。

黄色い人にとって学校の勉強は、

「知らないことを知る喜び」

「教科書をめくるたび、未知の世界が広がっていく興奮する経験」

なのです。

どちらかというと、復習よりも予習が好きだったり、社会や理科や英語等見知らぬ世の中の不思議を紐解いていくような科目に心惹かれたかもしれません。

大人になってからもその傾向は続きます。

何かのコレクターやマニアになるのも黄色の人の特徴です。

同じ作家の本ばかり読んだり、ひとつの国に何度も旅行に出かけたりします。

広く、浅く、なんとなく知ることよりも、深く、だんだん理解度が増していくことに喜びを感じているのです。

一分野に精通することにより、『誇り』や『自慢』が生まれます。

【自信力】のある人は、秀でた一分野があることが、その人の価値を高めることを知っているのです。

『このことだったら誰にも負けない』というものの存在が、プライドや誇りに関係あることを分かっていて大切にしているのです。

Q7 自分はツイていると思いますか？

基本的に能天気！　人生うまくいくような気がする

黄色が強い人は、【自信力】、つまり自分を信じる力が強いのです。

「世の中は大変そうだけど、自分には災難は降りかかってこない気がする」

「くじ引きは、自分だけは当たるような気がする」

きっと自分は大丈夫、自分にはいいことがある、となんとなく信じているところがあるのです。

「この中でひとりだけ当選者がいます」

と言われると、黄色い人は、「きっと自分だ！」と思います。

「今日のビンゴ大会、優勝者にはお米が当たります！」と言われると、黄色い人は、「重そうだから、クルマで来て正解だったな〜」と考えるのです。

なんとなく、いつも自分を信じているのです。

黄色が弱い人は、自分で自分を信じることができません。自信は他者がつけてくれるものだと考え、「ほめられたい」「評価されたい」と思い、他者評価によって喜んだりがっかりしたり、ぐらついてしまうのです。

【自信力】のある人は、自分はきっとツイているから大丈夫、と思うことができます。自信は他者評価によるものではなく、自分で自分を信じる力だと知っているのです。

そして、自信はその根拠を数値やデータで示さなくても、「ただなんとなく大丈夫だと思う」「根拠なく自分を信じられる」という、お気楽で無邪気に自分を好きでいられるか、信じられるかによるものだということを、黄色い人は知っているのです。

Q8 自分で決めていますか？

自分の人生は自分で操縦します！

黄色が足りない人は、自分の人生にハンドルがついていることに気がついていないかもしれません。

右へ行け、と言われたから右へ曲がり、左に行きなさいと指示されたから、左へ行っています。

他者からの指示に従って人生の地図を歩いていると、もしも指示どおり右へ曲がった結果、よくないことが起こった場合、どうなるでしょう。

「だって○○さんに、右へ行けって言われたから！」

と、他者の責任にしてしまうのです。

自分の人生なのに、他者の責任にしてしまうなんて、とてもつらいことです。他者が自分の人生を操縦しているような気持ちになるのは被害者意識やあきらめや卑下につながってしまいます。

黄色が強い人は、人生のハンドルを自分で握っています。

「ここで右に曲がろう」と意志をもち、自ら選択して、右に曲がります。

もしも、右に曲がった結果、よくないことが起こった場合、自分がハンドルを操縦していることをわかっていますから、他者の責任にすることはありません。

自分が引き起こしたことだとしっかり納得できているので、

「右じゃなかったんだ。じゃあ、左に曲がってみようかな」と思うだけです。

すべての責任は自分にあり、自分に選択の権利があり、自分が決めて、自分が引き起こしているんだ、というように、自分を真ん中に置き、健全に自立心をもつことができているのが黄色い人なのです。

自我の存在をきちんと感じ、自分の責任のもとに、自由意志により選択できるのが黄色い人です。

依存したり、責め合ったりしない、ひとりひとりがしっかり立っていられている、大人の関係を求め合おうとするのが黄色い人です。

【自信力】のある人は、ひとりが一台の車に乗っていて、ひとりにひとつハンドルがあることを理解し、実践しているのです。

黄色は自分らしさの確立

ここまで八つの問いに答えていただきました。

多ければ多いほど、【自信力】があるということです。

あなたの中に、黄色の力【自信力】があるのを感じていただけましたか？

『自分のことを信じる気持ち』『自由意志をもって選択する力』『他者の侵害を受けない力』、あなたにはありましたか？

チャクラの教えでは、黄色はみぞおちの辺り、第三チャクラです。

他者と自分の境界線をしっかりつくることができないと、自分がどんどん侵害されているような気がして、「ストレス」を感じたり、「胃が痛く」なったりします。そういえば胃薬のパッケージには黄色が多いのですが、チャクラの場所も胃のあたりでよく似ています。

黄色が足りないと、自分というものをしっかりもてていないことになります。周りの人たちに悪意がなくても、我を出すことができないでいると、まるで他者が、あなたの食べるものや行く場所、時間の使い方までも決めてしまっているような被害者意識に陥ってしまうかもしれません。その結果、おどおど、不安におびえてしまったり、自分の意見をもてなくなってしまうかもしれません。

また、黄色が多すぎると、自我が強すぎてわがままな人物になる可能性もあります。自分以外の周りの人の自我よりも、自分の意見のほうが大切なような気がして、支配力や影響力を求めてしまったり、同意を強要してしまうこともあるかもしれません。あまりにもマイペースになりすぎて、協調性に欠けてしまうかもしれません。黄色ばかりが強すぎてしまわないように、他の色の力も必要です。

〔黄色の摂取方法〕

黄色の力【自信力】をもっとつけたいと思う方は、日常生活にもっと黄色を使いましょう。

逆に、黄色が強すぎる方、わがままstatusすぎる、周りに自分の意見を言いすぎる、自分のプライバシーを尊重しすぎる、というときは、黄色を見るのを控えましょう。他の色を増やしていきましょう。

では、「自信力の育成方法」をお伝えします。

〔黄色いスケジュール帳を使う〕

他者からの侵害をコントロールするために、自分のスケジューリングを工夫することは【自信力】をつけるのに効果的です。手帳が黄色だったらより効果が期待できそうです！

〔ネクタイや服を黄色にする〕

面白い知識をたくさん知っていそうな、探究心旺盛な人物に見せることができます。

〔自室に黄色い小物を置く〕

誰からもジャマされたくない、自分だけのプライベート空間を象徴する色として、黄色を自室に置いてみると「個」を大切にできるようになります。

〔本屋さんに行ってみる、ネットサーフィンをする〕

自分の知的欲求を意識し、味わい、脳が喜んでいる状態をつくってみましょう。世の中には、まだ知らない面白いことがたくさんある、ということを感じましょう。

〈その他、衣食住なんでも自分のわがままを叶えてみる〉

「なんでもいいや」が口癖だった人は、レストランでもCDショップでもコンビニでも、何かを選ぶときに『自分の意見』『自分のわがまま』を聞いてあげるようにしてみてください。「何が一番食べたい？」「大好きな曲は何？」と自分に聞いてあげて、小さいものでもいいのでわがままを叶えてあげてください。

いかがでしたか？

三番目に整えていただきたい【自信力】をご紹介しました。

自分は誰からも侵害されない輝く存在で、自分で自分を誇りに思い、信じることが必要である、という力です。

【自信力】がある人は、ブレない自分らしさを手に入れることができるのです。

【黄色】 自信力

		YES
Q1	わがまま言えますか？	□
Q2	目立ちたがりですか？	□
Q3	知りたい欲求、強いですか？	□
Q4	理屈っぽいですか？	□
Q5	時間管理できていますか？	□
Q6	探究心はありますか？	□
Q7	自分はツイていると思いますか？	□
Q8	自分で決めていますか？	□

黄色の合計点 ＿＿＿＿＿ 点

※ 3点以下 ……【自信力】は足りません。黄色をもっと摂取しましょう！
※ 4点～6点 ….【自信力】は標準です。他の色とのカラーバランスを取っていきましょう。
※ 7点以上 ……【自信力】は多いです。黄色の取りすぎに注意しましょう！

「調和力」

人を思いやるステップ

Green

緑

調和力

人を思いやるステップ

【緑】

四番目の色は緑です。

緑のものといえば、何があるでしょう?

自然界の緑をイメージする人が多いかもしれません。

自然の緑といってもいろいろあります。

私は、カラーの勉強をするまでは、自然たっぷりの山奥を電車で通るとき等、車窓からの景色をみて、「すごいなあ、緑一色だ」と思っていました。

勉強をして、色のことを意識するようになった今は、そうは思いません。明るい緑、暗い緑、薄い緑、濃い緑、くすんだ緑、鮮やかな緑、黄みの緑、青みの緑……、自然界にはいろいろな表情の緑があることが分かりました。

さわやかな草原の芝生の緑。やさしい黄緑のような色。ビールやサラダオイル等のパッケージに用いられていると、ついつい「カロリーが低いのかな？」と思ってしまいます。こってりした焼肉や高カロリーのハンバーガーも、サンチュやレタスが添えられていると、さわやかな印象になるのです。オーガニックや無添加であること等の情報を伝えたいときも広告やパッケージに用いられる色です。

深い森の緑には、『落ち着き』『リラックス』『癒し』等のイメージがあります。コーヒーチェーン店やリフレクソロジー、岩盤浴の看板で見かけます。深い緑色が、「ちょっと一息、リラックスしていきませんか？」というメッセージの役割を果たしているのでしょう。

緑には、『平和』『安全』等の意味もありますので、平和団体の色や安全標識に象徴的に用いられたりしています。『平常時』を表すため、機械等のランプでも緑色が点灯していると通常の状態を表します。例えば、携帯電話を充電中は赤色だったランプが、充電が終了すると緑色に点灯したりするのもそうです。「アイレストグリーン」という言葉があるように、緑は「目に優しい色」と言われているのです。学校の黒板は、昔は本当に『黒い板』でしたが、目に悪いということから緑色になったそうです。

緑色は四つ目のステップです。【調和力】を整えます。

黄色の【自信力】では『自分』をしっかりもつことを学びましたが、緑の【調和力】では、個を確立した者同士が、今度は相手を思いやることができるかどうかというステップへ進みます。

では、以下の【調和力】を問うクエスチョンに答えていってください。

YESの数が多ければ多いほど【調和力】がある、ということになります。YESの数が少なければ少ないほど【調和力】がない、緑が足りない、とお考えください。

Q1 空気読んでますか？

周りのムード、常に気にしています！

緑が強い人は、常に周りを気にしています。

「今からこういう行動を取ろうと思っているけど、この状況、この空気の中でやっても大丈夫だろうか」

ということを常に考えているのです。

「静かな喫茶店で、大きな声を出すことはありません」

「JRの車内で、携帯電話で話すこともありません」

「悲しいことがあった人の横で、楽しく笑い声をあげることもありません」

「ピリピリしたムードのなかで、なんでもないような顔をしていることはできません」

いつも空気を読んでいるのです。

「今、自分がいる空間が、どのような雰囲気なのか」

「この空間を共有している他者たちは、どんな感情を感じているのか」

緑色の人たちは、常にそれを感じるような習慣がついているのです。

それが会社であれ、公共の施設であれ、仲間であれ、見知らぬ人たちであれ、同じことです。

緑色が足りない人は、あまり周りの空気を読んでいないかもしれません。

たとえばJRに乗車中に携帯電話が鳴ったら、

「○○さんから電話だ！　要件はなんだろう……、あっ！　あのことを必ず伝えなくては！」

というように、目の前の『電話』に気持ちが集中してしまい、周りの空気のことにまで気が回らないことがあるのです。

緑色の人は、周りの人を思いやることが習慣化しています。

ですから、緑色の人は、公共マナーを『思いやり』によって守っています。

銀行で皆が並んでいたら、きちんと後ろに整列します。順番を守り、場を乱しません。お年寄りに席をゆずり、シルバーシートには座りません。足を組んで座ったり、横に荷物を置いたりすると、座れる人が少なくなるので、自分の体をなるべく小さくして遠慮がちに座ります。

赤の人がルールを守るのは『大人の責任感』、オレンジの人がルールを守るのは『かっこよく相手を喜ばせたいから』、黄色の人がルールを守るのは『自分の意志』であるのに対して、緑の人がルールを守るのは、『そこにいる皆のため』なのです。

周りの人が知っている人であろうと、知らない人であろうと、『思いやる』のです。それが社会の中で生きていくうえでとても必要な力であることを【調和力】のある人は知っているのです。

Q2

平和主義ですか？

争いごとは苦手です～！

緑の人は、人が争っているところを見るのを好みません。

もし自分が関係なくても、例えば社内で誰かと誰かが口論していると、息苦しいような気持ちになってしまいます。どちらが正しいかどうか、とか「勝ち負けの結果」ではなく、とにかく争いそのものを終了してほしいのです。

争いごとを見かけたら、なんとか仲裁役になろうとするでしょう。

雨の中でスポーツの試合をやっていて、激しいどしゃぶりになってきたら、赤の人は、「きっちり勝ち負けの結果を出すまでやろう」と思うかもしれませんが、緑の人は「引き分けということにしよう！」と提案するのです。

なるべく戦わない方法を選ぶのです。

敵対している緊張感が苦手なのです。

仲直りをしたときに、ふわっと柔らかくなる空気に安心するのです。

緑が強すぎる場合には、明らかに抗議をしたほうがよいと思われることさえ、我慢して泣き寝入りしてしまうことも考えられます。

「争うよりは、自分さえガマンすることで丸くおさまるなら……」

と、正当な主張さえ引っ込めてしまいがちです。

また、逆に緑が少なすぎる場合には、話し合いで決着がつくかもしれないことでも、妥協点を見つけるより勝ち負けを確認したい気持ちのほうが勝ってしまい、

「じゃあ競争で決着をつけよう！」

と、提案してしまうかもしれません。

緑色の人は、平和な空気が皆をリラックスさせ、居心地のよさの素になることを知っているのです。争いをやめたときにお互いを認め合い、愛し合う気持ちが【調和力】なのです。

Q3

大衆文化は好きですか？

基本的にミーハーです！

緑の人は、「皆と同じこと」が大好きです。

緑色は地球上ではありふれた色。群生する緑色には、『平凡』『一般的』『大衆的』といった意味があります。緑色が強い人は、自らも地球上にたくさんある緑色のように、皆と同じでありたいと思う傾向があるのです。

周りの皆が同じ手帳を持っていて、自分だけが違う手帳だったら不安になります。同じものを欲しがります。

ヒットチャート一位の曲を聴いて、人気のあるドラマを見て、人気のある野球チームを応援して、皆と同じ新聞を購読していることが好きなのです。

大衆的であること、流行していること、広く一般的に知れ渡っていることが大好きなのです。

ユニクロを着ていると安心します。ゴールデンウィークにはドライブに行って、夏にはビアガーデンに行って、大晦日には「紅白歌合戦」を見るのが好きなのです。

逆に、緑色が少ない人は、個性的なもののほうをよいと考える傾向があるので、流行りものにはかえって興味がなくなったりします。

「あの芸能人は最初デビューしたての頃は注目していたけれど、最近は人気が出てきてしまったのでもう興味がなくなった」というようにです。

緑色が強い人は、大衆文化を愛する『一般市民』でいることを選択する傾向があります。皆の中に溶け込んで、目立つことなく、市井の人のひとりとして、平凡に暮らしていきたいと思うところがあります。

大衆文化を選択することは、「自分はこの時代に調和している」「皆と同じ好みである」ということの表現になり、「敵対心がない」「皆とうまくやっていきたいと思っている」というメッセージが伝わるため、【調和力】を強化することになります。

Q4

癒し系と言われますか？

いてくれるだけで安心する、と評判です！

本人にはその気がなくても、

「なんか顔を見るとほっとするんだよね」

「いてくれると和むよね」

といった評価をもらうのも、緑の人の特徴です。

キリキリ頑張って、周りに苦しい緊張感を漂わせることはあまりないのが緑の人。

緑の人は、のんびりしています。

呼吸もゆったり、動作もゆったり。

筋肉も弛緩していて、表情もおだやかです。

青信号が点滅していたら、ダッシュするのではなく、かえって歩みを遅くして、「別に急いでいるわけじゃないから、のんびり行こうよ」と立ち止まるタイプです。

「ただなんとなくのんびり時間がゆっくり流れていくこと」が至福の喜びだったりします。

私は前に緑色の人と会って、二時間くらい喫茶店で何を話すでもなく、お互いのんびりと雑誌を読むだけの時間をすごしたことがありました。その日の夜、その緑色の人から、「今日はとても楽しかった。いい時間だったね」とメールが来ました。

ただ時間を共有する、という平和な喜びを緑色の人に教えられたような気がしました。

こうして一緒にいることが幸せ。

緑色の人からは、いつもそんなメッセージが発せられています。そのことが、周りの人たちに平和な愛を与え、絆を深めることになるのを【調和力】がある緑の人は知っているのです。

Q5

仲間を大切にしますか？

どこへ行くのでも大切なのは「メンバー」です！

緑の人は仲間をとても大切にします。

「皆で一緒にいること」がとても重要なのです。

赤の人は、旅行に出かけるときは、「まだ行ったことのない場所」を選びます。黄色の人は「お気に入りのところ」へ何度も出かけます。緑の人は、場所はあまり関係ないかもしれません。大事なのはメンバーです。

もしも、皆でどこかへ旅行へ行ったら、緑が強い人は、

「来年も、このメンバーで来ようね」

と言うでしょう。

ひとりも欠けてほしくないのです。大切なメンバー全員が揃っていることがとても大切なのです。

「皆で行った」ということを喜びたいので、旅行先等ではデジカメを携えていて、「皆で写真撮ろうよ」と言いたがるかもしれません。

「記念に皆で何かお揃いのものを買おうよ！」

とも言いたがるかもしれません。

『皆』が大好きなのです。

【調和力】のある緑の人に、「写真を撮ろう」「お揃いのものを買おう」と提案されることで、緑が少なく団体行動が苦手な人も、仲間はずれになることなく、皆の絆が作り出されます。

【調和力】のある人が、ひとりひとりのメンバーを大切にしたり、全体の輪を重んじていることによって、知らず知らずのうちにそのコミュニティの絆が深まっているのです。

Q6

ナチュラリストですか?

飾らない、気取らない、素のままが一番です!

緑には、『ナチュラル』『ニュートラル』『自然のまま』といった意味があります。緑色が強い人は、生き方自体がナチュラリストの人が多いです。気負わない、気取らない、力の抜けた感じ。ハッタリや大げさな表現のない、背伸びしていないありのままの姿。飾り立てたり、塗り込んだりしていない、すっぴんのままの素顔。そういうことがとても価値があると感じているのです。

「自分は気楽に生きているから、周りの人もありのままに気楽に生きてくれたら嬉しいな」と思っているので、「無理しないでね」「そのままでいいよ」という言葉がけをします。

変に力が入ってしまっていたり、虚飾に満ちた人生を送っている人を見ると、首を傾げます。人は生まれてきたそのままで、リラックスして生きていけばとても楽なのに……と思うのかもしれません。

人物だけではなく、ライフスタイルや商品でも、そういうポリシーの感じられるものを好みます。

「生産者の顔が見える、有機野菜」

「染色していない生成りのバッグ」

「自給自足のライフスタイル」

といったものを愛します。

パッケージを簡素化している無印良品のファンも多いかもしれません。

本来の自分そのままでいい、という考え方は、【調和力】のひとつとなります。

お互いが、力を抜いて、素のままでつきあえることを重んじる、その真の優しさが、平和や調和につながっていくのです。

Q7

バランス人間ですか？

常にバランスを考えて、微調整しています！

緑の人は、いつもバランスを考えて暮らしています。

空間全体を見渡して、バランスが取れているかどうかをいつも気にしています。

例えば、お昼休みに学校の教室で皆からひとり離れてお弁当を食べている人がいたとします。緑の人は、教室全体を見渡して、ひとりだけぽつんといる人を見ると、「バランスが悪い」と感じます。

そして、「こっちに来て一緒に食べようよ」と声をかけて、輪の中に入れようとします。

それにより、空間全体のバランスが整うので、緑の人はほっと胸をなでおろすのです。

飲み会でもそうです。ひとりの人が熱く語っていて、端の人が寂しそうに携帯電話を眺めていたとします。そういうときも緑の人は、「バランスが悪い！」と感じ、端の人に「飲んでる～？」と声をかけたりするのです。ほんの少しの不調和、不均整を見つけたら、ささいなことでもコツコツ解決しているのが緑の人なのです。

誰かが出張帰りにお土産を買ってきてくれたら、こっそり個数を数えます。今、何人いて、お菓子は何個あるかを確認するのです。もしひとつ足りなければ自分は我慢するのです。

緑が強い人は、目の前のことにとらわれることなく、常に全体を見渡しています。プレイヤータイプというよりは、統括、総務、事務局、スタッフタイプです。

「今日もうまくバランスが取れているかな」ということに、気を配っているのです。バランスがいつも取れていると、組織の力も強くなります。それができる緑の人には、空間を整え、標準化する【調和力】があるのです。

Q8

優しく許していますか?

人間だもの、不器用なまま愛し合いましょう!

緑の人は、大らかな愛情をたっぷりもっています。

緑の人は、皆のことが大好きなのです。

人間は愛し合うべきだと思っているので、思いやりや優しさは、人生においてとても大切なものだと思っています。

そしてきっと皆もそう思っているはずだ、と信じています。

皆のことを愛しているし、自分も皆から愛されていると思っています。そのことを表現し合うことにより、世の中はもっとよくなる、と考えているのが緑の人なのです。

誰かが仕事でミスをしたら、ミスを責めることはありません。

むしろ、

「なぐさめるチャンスが来た！」

と思うかもしれません。

「大丈夫だよ。よくあることだよ。昔、私も同じミスをやってね……」

という具合に声をかけるので、ミスをしたことでかえってお互いの愛情の確認の場となったりすることもあります。

誰かが誰かの批判や悪口を言っているときもそうです。

周りの人たちのことを大好きなので、自分が言われたかのように悲しみます。

「○○さん、きっと悪気があってやったことじゃないよ。皆で助け合えばなんとか切り抜けられるから皆でがんばろうよ」

というように、チームワークや愛情の話にして返します。

見知らぬ人にも親切にしたりします。困っている人を通りすがりに助けてあげたときのさわやかな気持ちが大好きです。

人類皆兄弟、袖触れ合うも他生の縁なのです。

人と人が親しく親切にし合い、愛情表現をすることによって、この世の中をひとりひとりの大衆がきっとよくすることができる、と緑の人は考えます。

市井の人々の心というものは、たとえひとりひとりは微力であっても集まればとても大きな力となり、世の中を平和に導くものであるということが【調和力】そのものなのです。

〜緑は人を思いやる心〜

ここまで八つの問いに答えていただきました。

多ければ多いほど、【調和力】があるということです。

緑の力【調和力】はありましたか?

『人を癒す力』『気遣い』『相手を許す優しさ』、あなたにはありましたか?

チャクラの教えでは、緑は胸のあたり、第四チャクラです。

誰かを好きになると、キュンとなるあたりに第四チャクラはあります。悲しいことがあると胸が痛みます。嬉しい期待に胸が高鳴ります。

「心からあなたのことを想っています」というとき、手をどこに当てますか? 頭やお腹ではないですよね。胸に手を当てると、『心』や『愛情』『想い』等を示しているジェスチャーになります。

緑が足りないと、自分は他者から愛される資格がないのではないかと考え、近い距離感で人付き合いをするのを避けるようになったり、傷つくのを恐れるあまり、よそよそしい態度で人に接するようになってしまいます。

また、緑が多すぎると、愛情を問題にしすぎる傾向があります。「うざいな～」というくらい連絡がしつこく頻繁すぎたり、他者からの影響を受けすぎて心まで他者に同調しすぎてしまいます。

緑のバランスが取れていると、健全な愛情を他者に対してもつことができ、世の中と調和し、思いやりの心をもって人付き合いをできることになります。寛容で、おおらかな心を保つことができます。

〜緑の摂取方法〜

緑の力【調和力】をもっとつけたいと思う方は、日常生活にもっと緑色を使いましょう。

逆に、緑が強すぎる方、人の影響を受けすぎる、おせっかいをしすぎる、というときは緑色を見るのを控えましょう。他の色を増やしていきましょう。

では、「調和力の育成方法」をお伝えします。

〜部屋に観葉植物を置く〜

緑色の力はなんといっても植物からもらうのが一番です。つい力が入ってしまう、周りが見えなくなってしまう……というタイプの方は、会社のデスクに観葉植物を置いておくのはいかがでしょうか？

〈ネクタイや服を緑色にする〉

平和で穏やかそうな人物にみせることができます。「平和主義です」「仲間を大切にします」というメッセージにもなります。アメリカの政治家は、自分の出身州で演説をするときは、仲間意識をアピールするためにネクタイをグリーンにすることがあるそうです。

〈緑茶を飲む〉

今日は忙しくて、イライラ、焦っていて、テンパっている……というときには、コーヒーや水ではなく、「緑茶」を飲むのがおすすめです。緑色がリラックス効果をもたらし、呼吸をゆっくり落ち着かせてくれます。

〈小さい頃からのアルバム整理をする〉

写真にはいろいろな人たちの「顔」が映っています。いつも周りに誰かがいてくれたことをあらためて実感することにより、仲間の大切さを再認識できます。

〔有機野菜を取り寄せる〕

野菜をたっぷり食べることも、【調和力】をつくるのにとても役立ちます。自然の力を存分に味わい、もらうことで、本来のナチュラルな自分に戻ることができます。

四番目に整えていただきたい【調和力】はいかがでしたか?
【調和力】どうしが呼応したとき、そこに愛情や居心地のよさが生まれます。
まずは、自分から【調和力】を磨き、自分の場所からよい空気をつくり始めてみてください。あっという間に、あなたから周囲へよい空気が波動となって広がっていきます。

【緑】 調和力

		YES
Q1	空気読んでますか?	□
Q2	平和主義ですか?	□
Q3	大衆文化は好きですか?	□
Q4	癒し系と言われますか?	□
Q5	仲間を大切にしますか?	□
Q6	ナチュラリストですか?	□
Q7	バランス人間ですか?	□
Q8	優しく許していますか?	□

緑の合計点 ＿＿＿＿＿ 点

※ **3点以下** …… **【調和力】**は足りません。緑色をもっと摂取しましょう!

※ **4点〜6点** …… **【調和力】**は標準です。他の色とのカラーバランスを取っていきましょう。

※ **7点以上** …… **【調和力】**は多いです。緑色の取りすぎに注意しましょう!

青

Blue

「理想力」

夢を語るステップ

理想力

夢を語るステップ

【青】

五番目の色は青です。

青といえば、青い空、青い海。

毎日、目の前のことで忙しくしていても、ふと広大な青空を見上げると、心が広々と開放され、すっきりとした清らかな気分になります。

天気がよくて青空の日は、それだけで精神的にとても気持ちがいいですよね。

青には、『理想』『未来』『希望』『誠実』『博愛』といった意味があります。まさに、青空を見上げるときの気持ちを表したようなイメージです。このイメージがあることから、青は世界中でとても好まれていて、好きな色の人気ナンバーワンだと言われています。

青には、抑制された几帳面な印象もあることから、『真面目』『信頼』『きちんとしている』というようなイメージがあり、ビジネスシーンで多用されています。スーツやネクタイ、シャツ等に、水色や紺の青系を用いると、真面目できちんと仕事をしそうな人物に見せることができます。請求書や見積書等も、グラフや背景にピンクやオレンジを使うよりも青を使ったほうが、しっかり考えて数字を出してきたような印象になります。几帳面でミスがなく信頼できる感じがあることから、銀行系のコーポレートカラーにもよく使われています。また、未来的で精密な印象もあるので、機械系のメーカーのコーポレートカラーにも用いられています。

青といえば、『水』『冷たい』というイメージもあります。青は寒色です。

水道の蛇口でも、水は青、お湯は赤と色分けされています。自動販売機の「あったかい」「つめたい」の文字も暖色と寒色で区別されています。

寒色と暖色とでは、インテリア等に用いた場合、温度が同一な部屋でも体感温度は二度から三度異なると言われています。印象だけでなく、体感温度も青は『冷たく』『寒く』感じる効果があるのです。これらを人物の印象に転じた場合、『クール』で『冷静』な印象を与えます。

また、食べるものには青い色をしたものがほとんどないことから、青を見ると食欲が減退するとも言われています。そのため、青には抑制の効いたストイックな印象もあるのです。

寒色は暖色に比べて後退色といって、向こう側に引っ込んで感じられるため、謙虚で一歩引いたように見える色でもあります。クレーム対応等で用いると、へりくだった印象に見せることができます。

さて、青は五つめのステップ、【理想力】を養うステップです。

赤で生きるための【本気力】、オレンジで社会性をもつ【色気力】、黄色で個を確立する【自信力】、緑で人を思いやる【調和力】について考えてきました。

青は、真実を語り、真摯に夢を追い求める【理想力】です。青空を見上げるような思いがあるかどうかを問われます。

これからお出しする問いに、正直に答えながら読み進めていってください。

ＹＥＳの数が多ければ多いほど、あなたには既に【理想力】がある、ということになります。少なければ少ないほど、【理想力】がない、青が足りない、とお考えください。

Q1 冷静に振舞っていますか？

青レンジャーのようにクールです！

青が強い人は、何か大変なことが起こったときにも、大慌てをしたり、喜怒哀楽をむき出しにしたりすることがあまりありません。どんなときでもクールです。冷静沈着に振舞います。

相手がパニックになっていても、巻き込まれたりせず、落ち着いて判断をすることができます。

会議等の場でも、熱くなったり、情に流されたり、焦ったりせず、ただ淡々と内容を聞き、適切なタイミングで冷静に話します。

青い人がいることで、場に秩序が生まれ、整理されていくことがよくあります。

喜怒哀楽をあまり顔に出さないので、クールでかっこいい印象を与えます。

青レンジャーは、熱血系のキャラクターではないのです。さわやかな貴公子、深窓の令嬢といった静的な印象です。

一見、涼しい顔をして、万事そつなくスマートにこなしているように見えるかもしれませんが、青の人は、自分の中に恐怖や怒り、焦り、歓喜や喜び、悲しみ、不満等がどんなに大きく渦を巻いていても、それを表面に出さないだけなのです。感情の波に溺れるよりも、自分が静けさを保つことで、解決へ向かうことの方を選択しているのです。

青が強すぎてしまうと、この冷静さが極端になりすぎ、冷酷、非情、といったマイナスイメージに達してしまいます。

青が少なすぎると、落ち着きのない動的すぎる印象が、冷静さを欠いているマイナスイメージになることがあります。

目の前のことにあまりにも一喜一憂していると、本来の人生の目的や夢を見失ってしまいがちです。目の前のことから顔を上げることで、青空の存在を再認識します。

喜怒哀楽や責務の重圧感などにとらわれないクールさをもつことで、視点を高めることができます。

冷静に物事を対処できる自分を常にもてていることは、【理想力】の大きな助けとなるものなのです。

Q2 ひとりの時間ありますか？

ときには静かな自分ミーティングをやっています！

青の人は、ときどき誰にも会わないひとりだけの時間をつくっています。人付き合いの輪の中から、いったん離れてひとりになることで、自分をのんびり見つめなおすことができるからです。

駅から会社まで歩く静かな十五分間を、毎朝の宝物のようにしている人もいます。

会社から少し離れた誰も来ない喫茶店で、ときどきランチを食べるようにしている人もいます。

家族でワイワイ賑やかな自宅では、ひとりで長風呂に入るのが至福の時間だという人もいます。

出張先のホテルは、たとえ自腹を切ってでも、誰かと相部屋ではなくシングルの部屋に泊まりたいと考える人もいます。

ひとりの時間が人生にときどき訪れないと、自分が自分であることを取り戻す調整ができなくなりそうなので、細切れにでも確保しているのです。

人が嫌いなわけではありません。

ただ、一時間でもいいからひとりにしてほしいだけなのです。たったひとりで自分と向き合う良質な時間を、青の人は慢性的にいつも求めています。

【理想力】のある人は、たったひとりで行われる「自分ミーティング」の時間が、未来の夢を叶えるための大切な時間であることを知っているのです。

Q3 考えごとが好きですか？

空想、瞑想、妄想、構想、大好きです！

青が好きな人は、考えごとをしている時間が大好きです。なるべくひとりになろうとしているのも、できれば考えごとに耽っていたいからです。

今から三時間飛行機に乗る、というとき、青の人は大きな喜びを感じます。

「やった〜！　今からのんびり考えごとができる！」

と考えるのです。

活発なオレンジの人は、

「三時間動けないのか〜。苦痛だな……、早く目的地に着かないかな、そわそわするな。そうだ、隣の人とおしゃべりしていたらあっという間かな」

と思うかもしれません。

青が好きな人は、いつまでも考えごとをしていることが可能です。

小さい頃は、

「この子は本さえ与えておけば、ずっとおとなしくしているのよ」

と言われていたかもしれません。

でも実は、本人の頭の中はワンダーランド。読んでいる本から、空想、妄想が広がり、何時間でも思い描いていられます。ときには自分が主人公となって、どんどんストーリーが展開していったりします。

ふと見かけた看板から得た着想が、世紀の発明のように思われて、興奮しながら商品開発の戦略を立てることもあります。

クールで真面目な表情からは想像もつかないような、楽しくふざけた発想をしていることもあります。

赤の人は、今日の責任、目の前の勝負が終わらなければ、のんびり考えごとをする気分にはならないかもしれません。

黄色の人は面白いアイデアを着想したら、「自分は天才かも！」と誇らしく思い、誰かにそのことを伝えたくなるかもしれません。

青の人は、ただ考えるだけです。自分の内側にたっぷりと思慮があり、考えがあることを自分の財産のように思っているので、考えているだけで満足なのです。

そしてそのことについて幸せに考える時間、イメージを思い浮かべる時間が取れれば取れるほど、未来はその方向へ向かっていくのです。

考えることで【理想力】を高め、理想の人生を送る力を磨くことができるのです。

Q4 哲学的ですか？

今日ここに生きている……その意味とは！

青が好きな人は、物事を哲学的に捉えようとします。

ただ単に現象が連続的に起こっているのではなく、それぞれにはきっと何らかの意味性が存在すると考えるのです。

例えば今日は前から楽しみにしていたコンサートが行われる日だとします。ところが出かけようとしたら大降りの雨。なぜか家の中に傘が一本もありません。

行動的なオレンジの人だったら、すぐに約束の相手に電話をかけるでしょう。「こういうわけで少し遅れます。○○で待っていて」と手配します。

青の人は電話の前に、まず考えます。

「傘がない……、そして雨が降ってきた……、この意味は？　ひょっとして

『行くな』という意味なのでは……」

哲学的に考えた末、約束の相手に結論だけをメールで伝えます。

「今日、行くのをやめました」

相手はびっくりすることもあるかもしれません。

でも青の人にとってはとても自然な流れ。メールを送り終わると、安心して家の中で雨の降る様子を眺めながらお茶を飲んでいることでしょう。

青が少ない人にとって、青の人はいちいち哲学的に小難しいかもしれません。青の人は、それが当たり前なのです。

すべての事象に意味性を見出したい、という考え方が根底にあるのです。

日常とはなんとなくばたばたと流れゆくものではなく、なるべくしてなっているはずであり、そうなのであれば、その意味をぜひ知りたい、たとえ答えがわからなくても、追い求める気持ちをもち続けることが、【理想力】をつけていくことになるのだと、青の人は思っているのです。

Q5

サシ飲み、してますか？

騒がしい飲み会よりも、カウンターで語り合いたい！

ひとりの時間を愛する青の人にとって、大人数での飲み会はちょっと苦手です。でも、お酒を飲みながら、普段自分が考えていることを、誰かとゆっくり語るのは大好きです。

夜更けに大切な人と一対一で、バーでお酒を片手に、自分の考えについて話すのんびりした時間は、人生においてとても重要でときどき欲しい時間だと思っています。

カラオケボックスには行かないけれど、バーで、くだを巻いているのは好きです。大所帯の歓送迎会は苦手だけど、少人数で個室の居酒屋だったら大丈夫です。キャッチボールのようなノリのいい楽しい会話よりも、夜に沈み込むような深い語り合いを好みます。

自分の深さと、相手の深さを味わいながら、語り合っていくうちに、答えが見つかったり、新しい自分を発見することが喜びなのです。

青の人はいつも考えごとをしているので、ときにはアウトプットが必要です。そんなときに、同じような静けさを愛する仲間に、ゆっくり自分の気持ちを吐き出したいと思っているのです。考えごとばかりで、アウトプットするサシ飲みの時間が取れていないと、どんどん自分の中に言いたいことが溜まっていってしまいます。ガス抜きをする意味でも、必要な時間です。

また、青が少ない人にとっては、いつも誰かと一緒にワイワイ楽しく盛り上がっているようで、予定調和の会話に終始してしまい、実は大切な本音の深い部分の話はしていない、ということも考えられます。

いつも皆と飲んでいるからといって、心の奥を吐き出しているとは限りません。【理想力】のある人は、本音のサシ飲みの時間をつくっています。

ノリや楽しさでごまかさず、ちゃんと真実の自分と向き合い、大切な相手に出力するようにしているのです。

Q6
キレイ好きですか？

整理整頓が得意です！

青の強い人は、几帳面できちんとしています。

机の引き出しを開けると、筆記用具が全部同じ方向を向いて並んでいます。

色えんぴつは、虹の七色の順番に並べています。

家事は、アイロンや掃除等を好みます。

本棚の本は、著者ごとに並べるのはもちろん、本の背の高さの順番に並んでいます。たとえ本屋さんの棚であろうと、第一巻と第三巻が逆になっていたら、元通りに戻しておきます。

秩序やルールが好きなのです。きちんとした緊張感を好みます。整然となった心地よさを大切にしているのです。

生活習慣についてもそうです。毎日の日課が時間通り行われることを好みます。ルールや秩序を守ってこそ、個人の自由が存在する、と思っています。待ち合わせの時間には、すごく早く出かけて行きます。時間を守る、というルールを何らかの障害によって破りたくないからです。

ノート整理等やパソコン業務も大好きです。ルールをつくり、きれいにきちんと整理することを好むからです。

青が強すぎて、融通がきかない一面もあるかもしれません。

生真面目すぎて、横にいる人が疲れてしまうこともあるかもしれません。

逆に、青が弱すぎると、無秩序でぐちゃぐちゃの状態になります。散らかした状態では、生きるモチベーションも下がってしまいます。

ルールを決め、秩序を重んじることが、気持ちを明るく保つ秘訣であることを【理想力】のある人は知っているのです。

決まり、というものは決して人をがんじがらめにするものではなく、気分をさわやかに保ち、精神性を高めるよき生活習慣となるのです。

Q7

集中力ありますか？

パソコンに向かっていると声を掛けられても気づかない！

青の人は自分の内側に入り込む内省的なところがあります。オレンジ等の暖色が、外交的な方向にベクトルが向いているのに対して、青の人は自分の内側に興味の方向が向いています。

何か文章を書いたり、パソコンに向かって書類を作ったりしていると、その世界に没入し、周りと自分が遮断されたような感覚に陥るのです。

電話が鳴っても、声を掛けられても、すぐには気づかないこともあります。青の人は、そうやって「自分の世界」に入り込むことが大好きなのです。

例えば、何百枚もあるアンケート用紙の束を渡されて、

「これを集計しておいて」

と言われたら、活発なオレンジの人は、

「嫌だなあ……、今日は一日パソコンの前から動くことが出来ないんだ」

と思うかもしれません。

青の人は、

「やったあ！　今日一日、誰とも口をきかないでパソコンの前で自分の世界に入り込んでいていいんだ！」

と思うのです。

オレンジの人は、外回り等、体を動かしたり、人に会う仕事のほうがモチベーションが上がります。色によって、適材適所があるのです。

青が強い人は、何時間でもその集中力を持続することができます。

注意が散漫になってあれこれと手を出すよりも、ひとつ選択したことに集中して、エネルギーをそそぐことで成果が上がるのも、【理想力】の青がもつひとつの特徴です。

Q8 夢を語っていますか？

本当の気持ち、言葉にしていますか！

「実は、小さい頃から夢があるんだ……」

自分の本当の願いを口にすることは、ときには恥ずかしいような、青臭いような気持ちになるかもしれません。

青の人は、本当の気持ちを言葉にすることを大切にしています。

嘘をついたり、自分を偽ったりすることは苦手です。

心からの言葉じゃなければ意味がないと思っているので、お世辞や社交辞令もあまり口にしません。

もちろん、言葉の暴力や、悪口等は自分の口には決してしたくないと思っています。

その結果、口数はどうしても少なくなります。

「無愛想」

「ぶっきらぼう」

「サービス精神がない」

と思われてしまうことも少なくありません。

ですが、青の人が口を開いたときに話す言葉、それは真実です。

自分が発する言葉はとても大切なもので、本当のことを話したいと思っているのです。

「いやあ、別になりたいものなんてないよ！　今の暮らしでいっぱいいっぱいだから、そんなこと考えるヒマないし！」

「○○大学なんて入りたくないよ！　俺には△△大学くらいがちょうどいいと思っているんだ！」

等と、うそぶいたりすることはありません。

青が強い人は、真の願いを口にするので、

「そんなことを口にしてしまって、後で叶わなかったら恥ずかしい思いをするのに！」

と周りから心配されることすらあるかもしれません。

青の人は、言葉を大切にしています。

青空に向かって胸に手をあてて、真実の所在を確認し、自分の未来への明らかな思いを感じ、言葉を発するのです。

そうしている限り、発した言葉は理想の未来を紡いでいくことを、【理想力】のある青い人は信じているのです。

〜青は思いを言葉にする力〜

ここまで八つの問いに答えていただきました。

多ければ多いほど、あなたには【理想力】があるということです。

いかがでしたか？　青の力【理想力】はあったでしょうか？

『集中する力』『目の前のことから顔を上げられる力』『真実を伝えるための言葉』『ゆっくり考える時間』、あなたにはありましたか？

チャクラの教えでいうと、青は喉です。第五チャクラです。『言葉』『声』と関係があります。

第五チャクラが優れている人は、『声』で人々を制する力があるそうです。コンサート会場を満員にする歌手や、民衆をスピーチで沸き立たせるカリスマ等、確かに『声』には力があるように思われます。

『言霊』といわれているように、私たち日本人は、「よい言葉を発すれば、よいことが引き寄せられ、悪い言葉を発すれば、悪いことが引き寄せられる」ということをなんとなく信じています。

もしも言葉から語感等により波動が発せられていたら、よい波動と悪い波動があります。

その影響を受けるのは、言葉を発する本人自身なのです。

第三チャクラ（黄色）で、意志をもっていて、第四チャクラ（緑）で相手のことを思いやった上で、第五チャクラ（青）でようやく言葉を発するのです。この連携がうまくいっていないと、思っていることを飲み込んでしまったり、口をつぐんでしまったり、出力不足になってしまいます。

また、第四チャクラ（緑）を通らずに、相手のことを全く思いやらないで、思ったことをポンポン口にしてしまうのも怖いことです。

青のバランスが取れていると、自己表現ができていることになります。

自分の願いを、よい言葉を使って口にすることができるようになります。

しっかりした自分の信念や思いを他者に伝達できるのです。

〜青の摂取方法〜

【理想力】をもっとつけたいと思う方は、生活にもっと青を使いましょう。ブルー系であれば、水色でも、ターコイズブルーでも、スカイブルーでもOKです。

逆に、青が強すぎる方、自分の内面に入り込みすぎる、ひとりになりたがりすぎる、というときは青を見るのを控えましょう。他の色を増やしていきましょう。

では、「理想力の育成方法」です。

〈晴れた日に、青空や青い海を見る〉

何より効果のある方法です。焦っているときほど、仕事の手をほんの少し休めて顔を上げてみてください。窓の外に青空が広がっていたら、思う存分、青を味わってください。ときには、海へ出かけて、青空と青い海を堪能してください。

〈ネクタイや服を青にする〉

冷静でクール、落ち着いた人物に見えます。真摯で誠実な人間性を表します。普段少し賑やかで楽しいタイプの人がブルーを着ることで、落ち着いた一面を演出することができます。

〈TVやラジオのスイッチを消す〉

静けさは、【理想力】をつくるのにとても役に立ちます。ざわざわした中では、どうしても深い自分と向き合うことが難しくなりますが、静寂の中では比較的簡単に、内省的になることができます。

〈言葉を大切にする〉

悪口、愚痴、不満、文句、嘘、お世辞、社交辞令を多く話していたのなら、それらを話すのをやめて、代わりに、希望、喜び、感謝、願い、思い、信念に関する言葉を増やしてみましょう。何かを飲み込んでいるような喉のつかえが取れるかもしれません！

〔歌を歌う〕

すばらしいと思える歌詞の曲を探して、思いきり大きな声で歌い上げてみましょう。人生の理想が明確になっていきます！

五番目に整えていただきたい【理想力】についてお伝えしました。

もしも願いをあまり口にしてこなかったのなら、さっそく今日から始めてみましょう！　どんなに目の前のことが煩雑で大慌てになっていても、天上にはいつも澄みきった青空が広がっていることを忘れないでください。

CHECK SHEET √

【青】理想力

		YES
Q1	冷静に振舞っていますか?	□
Q2	ひとりの時間ありますか?	□
Q3	考えごとが好きですか?	□
Q4	哲学的ですか?	□
Q5	サシ飲み、してますか?	□
Q6	キレイ好きですか?	□
Q7	集中力ありますか?	□
Q8	夢を語っていますか?	□

青の合計点 ＿＿＿＿＿ 点

※ 3点以下 …… 【理想力】は足りません。青色をもっと摂取しましょう!

※ 4点~6点 … 【理想力】は標準です。他の色とのカラーバランスを取っていきましょう。

※ 7点以上 …… 【理想力】は多いです。青色の取りすぎに注意しましょう!

「直感力」

野生の勘を磨くステップ

Indigo

藍

直感力

野生の勘を磨くステップ

【藍】

六番目の色は藍色です。紺色、インディゴブルーというとわかりやすいかも知れません。

日本人にとってはとても馴染み深い色です。

藍には虫除けの効果があることから、日本では昔から着物を染めるのに『藍染め』が愛好されてきました。

紫や紅は、高貴な人しか着てはいけない『禁色』であったので、庶民は染めるコストのかからないパステルカラーのような淡い色に着物を染めて着ていました。『藍色』だけは濃い色でも庶民に着用が許されていたので、広く日本のナショナルカラーとして定着しました。

藍染の染色屋さんは商売大繁盛で、

「紺屋の白袴」（注文が多くて忙しいので自分の袴を染める暇がない）

「紺屋のあさって」（あてにならない、のニュアンス）

というような諺まであるようです。

藍染の暖簾に白抜きの文字。よく見かける藍色と白の配色は、日本人にとっては、大変スタンダードで正統派の組み合わせであることから、リクルートスーツや制服等に、よく紺と白が組み合わされて用いられています。

ビジネスシーンにおいても、紺色のスーツに白いシャツ、紺色のネクタイ、というような配色をすることにより、

「とても真面目で、あらたまった感じ」

を表現することができるため、多用されています。

私はよく男性の方に、

「会社に紺色のネクタイを一本置いておくと、重宝しますよ」

とお伝えしています。

クレーム対応にも、VIPのアテンドにも、幅広く使える失礼のない色だからです。

寒色で、明度が低く、彩度も低い色なので、謙虚、冷静、鎮静、誠実……等の印象を醸し出してくれるのです。

いつもは賑やかで楽しいタイプの人が着ると、

「今日はあらたまってどうしたんだろう？」

という印象をもたれることもあります。

華やかな印象と異なり、暗く地味で落ち着いた藍色には、実直、真面目、というような印象があります。

また、明度が低い黒っぽい色であることから高級感を表現することもでき、ゴールドと組み合わせると、プレミアム感の漂うイメージとなるので、ロイヤルミルクティやプレミアムビール等の高級な感じの商品パッケージに用いられています。

さて、藍色は六つめのステップになります。

【直感力】を磨くステップです。

青の【理想力】では、目の前の現実から顔を上げ、青空を見上げて理想を思うことを学びました。

藍色の【直感力】では、人間が本来もっている本能のチカラである『野生の勘』を研ぎ澄ませるステップになります。知識や体力では太刀打ちできない本能の力を養いましょう。

Q1

勘が鋭いほうですか？

嘘は見抜いてしまいます！

藍色の人は、勘が鋭いタイプです。

学生時代でも、皆に隠れてこっそりつきあっているカップルがいたら、

「あの二人がつきあっていたのは最初から分かっていたよ！　皆、どうして気づかないの？」

と見抜いてしまいます！

最後まで鈍感で気づかない人が、

「どうして分かるの？」

と言うと、藍色の人は、

「目くばせとか、空気の感じで、なんとなく分かるよ」

と答えます。

藍色の強い人は、とても動物的に物事を見ています。

ちょっとした視線の合わせ方、並んだときの距離感、口調の速さ……等々、いろいろなしぐさを理論的に分析するわけではなく、瞬間的に感じて、二人の関係を見抜くのです。

小さい頃も、

「この子は勘が鋭いから、下手なことは言えないわ」

と、言われてきました。


誰かが嘘をついたことも、すぐに分かってしまうのです。

【直感力】のある人は、目の前の人物の、目や口、体等のすべての動きを瞬時に感じてその意味を見通す力をもっているのです。

Q2

目に見えないものを信じられますか？

UFOも超能力も、あるかもしれない！

人は五感から外部情報を得ています。五感とは、視覚、聴覚、嗅覚、触覚、味覚のことですが、藍色の人は、五感以外からも人間は情報を得ているということを信じています。いわゆる第六感と呼ばれるものです。

昔ながらの諺や慣用句にも、「虫の知らせ」「胸騒ぎ」等、実際に見聞きしていないのに、何かを予感しているような言い回しが存在します。

藍色の人は、実在が化学的に証明できなくても、目撃情報や体験談が数多くあるものについては、なんとなく存在を信じているところがあります。

「古代、地球には宇宙人が来ていたかもしれない」

「人間にはテレパシーの能力があるかもしれない」

「妖精や妖怪や仙人は本当に実在しているかもしれない」

「霊の存在を感じるような気がする」

というように、目に見えない世界は存在するかもしれないと考えています。

なので、藍色が強い人はファンタジー映画やSFを好む傾向もあります。

逆に、藍色が弱い人は、目に見えない世界はあまり信じません。存在が実証されていることや、現実的なことには興味があるけれど、不思議な話や目に見えないことには興味のない人が多いのです。

また、藍色が強すぎると、目に見えない世界を尊重してしまうあまり、現実世界を否定してしまうことが起こります。

【直感力】のある藍色の人は、目には見えなくても何かを感じようとしています。

古代からの人間の知恵には、第六感によるものも含まれていると考え、実証できない事柄も、感じることさえ出来れば判断材料として使えることを理解しています。

Q3 流れが読めますか？

世の中の動きが、見えるんです！

藍色が強い人は、先を見通すことが得意です。

未来を予知、予測をしようとします。

流れのようなものを読むことができるのです。

状況の変化を観察して（というよりは「感じて」）

「きっとこの後は、こういう流れになる」

というように、未来を予測しようとします。

藍色の人は、

「こういう流れなんだ」

「いい展開だ」

「機が熟した」

というような言い回しをします。

その時点、一点だけを見ているのではなく、前後の関係性から何かの流れを見出しています。兆しを見出しているのです。

「このマーケットは縮小しているから、撤退したほうがいい」

「今日はこの辺で帰ったほうがいい」

「今がちょうどいい時期かもしれない」

といった具合です。

時を大切にするのです。タイミングをはかるのです。

すべてに時があり、流れがあり、やるべき時期にやるべきことをやり、やめるべき時が来たら、内容への執着や責任に縛られるのではなく、時流の大いなる意志に従うことをよしとするのです。

藍色の強い人は、時流を読み、自らがどうその波に乗っていくかを常に感じられるように、感性を磨いているのです。

そのことにより、人生の方向性を見極める【直感力】が増大していくのです。

Q4

ひらめいていますか？

アイディアは降りてくるもの！

藍色の人は、じっくり考えることはあまりしません。

むしろ、『ぼんやり』していることを好みます。

「ぼーっとしていると着想する」

「リラックスしているときにすごいことをひらめいた」

と、言ったりします。

ブツブツ言いながら考え事をするよりも、むしろ一度自分の内部に問いかけたら、そのことを放っておくと、答えが何らかの形で返ってくる、と言います。

「降りてきた！」という言い回しは、まるで天上から何かがその人の脳内に舞い降りたかのようです。自分の中で発生したオリジナルの思いつきではなく、誰かから授かったかのようなニュアンスです。

アルキメデスは入浴中に世紀の大発見をしましたが、リラックスしているときに思いがけないアイディアが湧き起こることを、藍色の人は知っているのです。

根を詰めていては、いい仕事はできない、と藍色の人は考えています。

藍色の人は、行き詰ったときこそ、気分転換に散歩に出かけたり、映画を観たり、なるべく仕事から離れて気持ちを切り替えるようにしています。

苦しいときこそ、リラックスするためにマッサージやドライブに出かけるようにしています。

それらのことは決して現実逃避ではなく、自分の状態をゆったりとさせて、アイディアを受信しやすいモードにもっていっているだけなのです。

藍色が足りない人は、苦しいときほど、力を入れてしまうかもしれません。

藍色の人は、苦しいときほどリラックスすることで受信しやすさを高め、【直感力】を増大させているのです。

Q5

『わくわく』を大事にしていますか？

理屈よりも、『わくわくできるかどうか』で選択します！

自らの感覚を大切にする藍色の人は、自分が『わくわく』できているかどうかをとても重要視しています。

何か大切なことを決めるときは、そのことを考えている自分が『わくわく』できていれば大丈夫、情報やデータで検討しようとしていたらやめよう、と考えます。

例えば何か習いごとを始めよう、というとき、藍色の人は自分の心を確認します。

「気づいたら最近そのことばっかり考えている！　楽しみだなあ！　わくわくするなあ！」

と思っていたら間違いありません。そのまま進め！　です。

「習ってみようかなあ、どうしようかなあ。確か今月はキャンペーン中だと言っていたから○円オトクだし、せっかく○○さんが紹介してくれたから、顔をつぶすわけにもいかないし……、でもなんだかわくわくしないなあ」

と思っていたらストップです。やめたほうがいいのです。

藍色の人は、自分が正しい道に行こうとしているときは、胸がわくわくするものだと思っているので、自分の感覚を信じて取捨選択することができます。

出会った人物に対してもそうです。

「あの人は、出会ったときにビビッと感じたので、大切な人になると分かっていた」

「話しているとわくわくして楽しくてたまらないので、きっとかけがえのない仲間になると思う」

といった具合です。

藍色が足りない人は、数字や実績をベースに理論的に検討します。

藍色のバランスが取れている人は、自分の感覚がわくわく喜んでいるかどうかを大切にします。

そして藍色が多すぎる人は、感覚を重要視しすぎて、現実離れした判断をします。

【直感力】はあくまでも、赤から順に培ってきた、生きていくための各スキルの延長線上に位置しています。

きちんと現実の世界において、赤で責任を果たし、オレンジで社交性をもっています。その上で、黄色で自分というものをしっかりもち、緑で人を思いやり、青で願いを言葉にします。赤から青までの五段階ができている前提での、【直感力】なのです。

決して、現実を軽視したり、五感からの情報をないがしろにするものではありません。ですが、目に見える現実社会、五感からの情報だけでは得ることのできない、その次のステップが【直感力】なのです。

Q6 願いを視覚化できますか？

イメージを映像にして思い浮かべられます！

藍色が強い人は、まるで頭の中にTVモニターがあるかのようです。なりたい自分、今後の人生を、映像化して自分の頭の中に映し出すことができるのです。

童話、『きつねの窓』では、桔梗の花の汁で染めた指でつくった窓に、現在見えるはずのないものが映し出されますが、桔梗の花の汁は濃い青。藍色のような色です。

藍色の人は、いつも頭の中にスクリーンがあって、そこに自分が想像した映像を、まるで『きつねの窓』のように鮮やかに投影することができるのです。

よくスポーツ選手がやる「イメージトレーニング」がそうです。

ホームランを打っている自分の姿を映像化して脳裏に浮かべることを習慣化することによって、本当にそのイメージを現実化させることができるというものです。

ビジネスシーンにおいても、上手にプレゼンしている自分の姿を克明にビジュアライズできることで、事前にすでに出来終えたかのような気分となり、目標を達成しやすくなると言われている手法です。

彼氏が欲しい女性が、憧れの男性と親しくデートしている姿を繰り返し脳裏でイメージしていることによって、すでに幸せを感じられるようになり、その幸福感によって本当に彼氏を引き寄せた、という例もあります。

藍色の人は、こういうイメージを脳の中で再現する能力が高いのです。

「つい、細かいところまで妄想しちゃう癖があるんだよね〜！」

と、実在のもののように詳細な描写をすることもできるので、より現実感が高いのです。

藍色が少ない人は、

「目の前にありもしないものを、イメージすることなんて出来ない！」と思うかもしれません。

【直感力】には、「すでに何度もイメージしていたものが本当に手に入ることが分かる感覚」が含まれています。

イメージだけではなく、本当に五感で味わっているかのように、まるで現実のように、「事前に手に入れる」能力なのです。

Q7 落ちるところまで落ち込みますか？

一回底まで行ってから、這い上がってくるタイプです！

藍色は青が深く、暗くなった色。

『深い海』のような色であるため、『深い』『深淵』『底』といった意味があります。

青い人は「考えごとが好き」です。青色が深くなった色、藍色の人は「深く考えることが好き」といえます。

何かを考えるときには、じっくり、じっくり、夜の帳が下りるに任せて、ときには朝まで、深いところまでとことん考えつくしたいタイプです。

失敗したり、傷ついたりして落ち込むときにも、藍色の人は、とことん底を打つまで落ち込んで降りていきたがります。

「ここが一番深い」

という地点を確認したいのです。

深さには、一種の価値がある、と感じているのです。

思いきり深さを味わった後、ようやく光明を求めて上昇をはじめます。

この一連の流れが藍色の人にとっては必要な儀式なのです。

藍色が少ない人は、いちいち落ち込んで深いところまで行って、自分を責めたり、マイナスをたっぷり味わっている藍色の人の姿をみて、毎度そんなに落ち込むのは効率が悪いように感じたり、悲劇のヒロイン気分に浸っているかのように見えたりすることがあるかもしれません。

ですが、藍色の人にとっては、本能的な「深さの確認」であり、穴に潜って闇を味わうことで、より強く光を求めることが分かっているのです。

【直感力】は、常にまばゆい昼間の光の中にいては麻痺してしまう野生の勘を、暗さの中で研ぎ澄ませ、闇から見た光の価値をより高めることで、養われていくのです。

Q8

物事の本質を見つめていますか？

「そもそも……」が口癖です！

目の前の人が、何かを訴えているとき、藍色の人はその人の問題の奥底にあるものをじっと見ています。

例えばAさんが、職場のBさんの振る舞いや言動に対して、悪口や文句を話していたとします。

「Bさんは、朝もぎりぎりに来るし、鉄砲玉のように出かけたら夜まで帰ってこないし、結局私が細かいフォローをいろいろやってあげている……」

藍色の人は一緒になってBさんの振る舞いを批判したり、解説することはしません。それよりも、Aさん本人の不満の所在はどこにあるのか、なぜAさんは今の仕事をしているのか、そもそもAさんは人生をどのように生きようとしているのか、今後の方向性をどう見ているのか……という本質的な部分を知ろうとします。その上で、Bさんの振る舞いが気になる原因が、Aさんの内部になぜ起こるのかを一緒に解決しようとします。

表面では解決できないものが、必ず本人の内部の奥深くに存在していることを、藍色の人は知っているのです。

藍色の人は誰に対しても、その人の本質を見極めようとします。表面の現象や言動は、まるで存在していないかのようです。

ショッピングをするときに店員さんが、そのお店の商品を勧めてきたときでさえ、その店員さんがその商品に心底惚れ込んでいるのか、営業数字を上げたくて売ろうとしているのか、そもそも、その店員さんはいまこの仕事に幸せに打ち込んでいるのか、といったことを感じようとするのです。

藍色の人にじっと見つめられると、裸にされたようで、すくんでしまう人もいるかもしれません。

藍色の人は、瞬間瞬間をより深く、真実を感じようとしているのです。

その生き方が【直感力】を確かなものにしているのです。

〜藍色は野性の勘〜

ここまで藍色についての八つの問いに答えていただきました。

多ければ多いほど、あなたには【直感力】があるということです。

いかがでしたか？　藍色の力【直感力】はあったでしょうか？

『本質を見極めようとする力』『理屈ではなく、感じる力』『イメージする力』『勘』、あなたにはありましたか？

チャクラの教えでいうと、藍色は第六チャクラ。眉間のあたりです。

『第三の目』『サードアイ』と呼ばれることもあります。

脳の中にある松果体というホルモンの分泌に関わる器官と関係があるといわれ、『直感』『予知・予測』『先を見通す力』等の意味があります。

先を見通し、本能の眼で本質を見る力です。

藍色が足りないと、表面的なものしか見えず、その奥深くにあるものをまったく想像できなかったり、理性や事実ばかりを重んじてしまいます。また、目の前のことにばかり注意がいってしまい、先を見ることができない感じになります。

藍色が多すぎると、ありもしないことを誇大妄想し、自分の世界に入り込んでしまったり、直感にばかり頼りすぎて現実離れしてしまいかねません。

藍色のバランスが取れていると、私たちが元来もっている本能的な能力である『野生の勘』を、日々の暮らしの中で自然に使うことができるようになります。

〔藍色の摂取方法〕

藍色の力【直感力】をもっとつけたいと思う方は、毎日の生活に藍色を使いましょう。ブルーベリーのような、桔梗の花の色のような、紺色、インディゴのような深い青であればＯＫです。

逆に、藍色が強すぎる方、深く落ち込みすぎる、妄想のほうが強大になってしまって現実世界に対応しづらい、というときは藍色を見るのを控えましょう。他の色を増やしていきましょう。

では、「直感力の育成方法」です。

〔深い海の底をイメージする〕

太陽が燦々と降り注ぐこの地球にも、その光が届かないほど深い世界があります。海底の写真や映像を見て、その深い藍色を味わいましょう。

〈洋服や小物に藍色を取り入れる〉

ネイビーブルーや紺色は、スーツやジャケット、小物等でも取り入れやすい色です。ジーンズもインディゴブルーです。落ち着いた色なので、ファッションでは使いやすいベーシックカラーとして人気があります。

〈相手の言葉の奥にあるものを感じてみる〉

話している相手の表情や台詞等、表面に表れているものだけではなく、その人の人生や、その態度の根幹にあるものを感じるように意識してみるだけでも違います！

〈とことん考えてみる〉

もしもあまり深く物事を考える習慣がないのであれば、ひとりのまとまった時間を取って、ひとつのテーマについてじっくり深く掘り下げてみることをおすすめします。普段出会えない自分と出会うかもしれません。

〔眼を閉じる〕

網膜に映る現実世界を一度遮断するために、まぶたを閉じてみると、想像力を増したり、イメージを視覚化するのに効果的です。入浴時、休憩時等に少しでも眼を閉じてみてください。アイマスクや眼を冷やすためにタオルを乗せる、等も効果的です。

六番目に整えていただきたい【直感力】についてお伝えしました。
眼に見えないものを信じるのは、難しい、と思う方もいるかもしれません。
眼を閉じて、感じてみてください。味わってみてください。

確実に存在する、言葉で言い表せない『予感』『わくわくする気持ち』『なんとなく感じられるもの』……、これらを大切にしたとき、本来、私たちがもっている野生の勘【直感力】が、より研ぎ澄まされていきます。

CHECK SHEET √

【藍】 直感力

		YES
Q1	勘が鋭いほうですか？	□
Q2	目に見えないものを信じられますか？	□
Q3	流れが読めますか？	□
Q4	ひらめいていますか？	□
Q5	『わくわく』を大事にしていますか？	□
Q6	願いを視覚化できますか？	□
Q7	落ちるところまで落ち込みますか？	□
Q8	物事の本質を見つめていますか？	□

藍の合計点 ＿＿＿＿＿ 点

※ 3点以下……【直感力】は足りません。藍色をもっと摂取しましょう！

※ 4点～6点….【直感力】は標準です。他の色とのカラーバランスを取っていきましょう。

※ 7点以上……【直感力】は多いです。藍色の取りすぎに注意しましょう！

「使命力」

人生に感謝するステップ

Purple

紫

使命力

人生に感謝するステップ

【紫】

いよいよ最後の色、紫の章です。
紫色のものといえば、皆さんは何を思い浮かべるでしょうか。
雨に濡れた紫陽花、アメジスト、茄子、風呂敷、占い、和風……。
紫といえば、『高貴』『大人』『高級』というイメージがあります。
紫と黒を配色したパッケージは、宝石やお菓子等を高級に見せます。
もともと、紫は高貴な人にのみ着用が許されていた『禁色』でした。
推古天皇の時代、冠位十二階が制定されましたが、それぞれの位によって衣服の色が決められており、中国五色（赤、緑、黄、白、黒）に倣って色を選択したそうですが、一番高位の大徳は濃紫でした。紫は昔、紫草や貝等を使って染めましたが、染めるコストが高かったことから、庶民には手の届かない色だったのです。そのことから紫色は、『高貴』『高級』という印象が今日でももたれているのです。

紫式部の源氏物語を彷彿とさせるように、雅な和風の雰囲気を持つ色です。藤色、京紫、江戸紫、古代紫、二藍……といったように、日本には、紫色の伝統色名がたくさん存在しています。老舗のお店ののれんや和菓子のパッケージ等に使うと和風な雰囲気が出て効果的です。

スピリチュアルな色でもあります。

僧侶の袈裟の色、セレモニーホールの看板の色、占いの色、お盆の広告の色、霊園のチラシの色……等々に紫色を見かけます。冠婚葬祭や、霊性、宗教等との関連性があるようです。

紫は、情熱の赤と冷静の青を混ぜた色。上品と下品、高級と低俗、両極端な二つの顔をもっている複雑さがある色です。そのことから、「よく分からない色」という印象になり、『ミステリアス』『不思議』といったイメージがあります。紫色の服を着ている女性を、『妖艶』『セクシー』と感じるのは、そのミステリアスさゆえかもしれません。

紫色を好きな人と嫌いな人の差が激しいのも特徴のひとつです。

街の景観等、環境色彩においては万人に好まれる色彩が選ばれるので、紫色は、ビルやマンションの外壁等の色には、あまり用いられることはありません。国旗やコーポレートカラー等、公のものに紫が使われることは少ないようです。少数派、個性派の色だからです。

いよいよ紫は最後のステップです。七つ目のステップ、【使命力】へ到達するステップになります。

【本気力】【色気力】【自信力】【調和力】【理想力】【直感力】の先にあるものが、この【使命力】です。

このステップは、これまでのチカラを手に入れることが出来た上で到達する、『場所』のようなものです。すでに到達しているか、それともこれから到達しようとしているのかをチェックしていただきます。

ＹＥＳの数が多ければ多いほど、あなたは既に【使命力】がある、ということになります。少なければ少ないほど、【使命力】がない、紫が足りない、とお考えください。

Q1

アートに親しんでいますか？

美術、芸術、音楽に普段から触れています！

紫が強い人は、芸術家タイプです。

自分の感性を大切にしています。

仕事が忙しいときこそ、時間をつくって、美術館に出かけて行きます。ばたばたの生活の中で感性が乾いてしまわないように、アートを味わう時間を大切にしているのです。

紫色の人は、疲れているときも、睡眠やビールではなく、アートが疲れを癒してくれることを知っています。

紫色には、そんな不思議な効果があるのです。

いろいろな疲れがあります。

十時間寝たら取れる疲れ……、きっと肉体の疲れです。赤の疲れです。

カラオケに行きたい、ボーリングを思いきりやりたい、友達とワイワイ騒ぎたい。エネルギーを発散したがっているのです。オレンジがきれいに見えるかも知れません。

誰にも会いたくない、ひとりになりたい。青の疲れです。

それでも取れない疲れがあるのです。

美術館に行ってアートに触れたい、美しい旋律の音楽が聴きたい……。そんなときはきっと紫色がきれいに見えるはずです。神経が疲れているのかもしれません。

【使命力】のある紫の人は、アートがもつすごい力を知っているのです。

天上から降りてきた天使が奏でているかのような美しい旋律が、人の神経を癒すことを知っているのです。壮大な世界観を描いた絵画が、空間や時間を超えた存在であることを知っているのです。

そしてそれらに触れることが、自分の魂をピュアにする行為であり、そのことが、生まれてきた『使命』を感じさせるきっかけになりうるのです。

Q2

信心深いですか？

毎日、お祈りをしています！

紫の人は、自分なりの『神様』をもっています。

いつもブツブツと口が動いているのは、『神様』と会話しているのかもしれません。

スポーツ選手も競技中に何やらブツブツと唱えていることがあります。

「神様、ありがとうございます」

「今日のこのチャンスをくださいましてありがとうございます」

「今週もよいことがたくさん起こりますように」

「無事に帰ってこられてありがとうございます」

紫の人は、逐一、自分なりの『神様』に感謝し、報告する習慣があります。

万物に神が宿っていると考えているのです。

ご飯を食べるときに、

「いただきます」

と言うのも、いろいろな理由があります。

赤い人は、「大人たるもの、挨拶をすべき」と考えているのです。

オレンジの人は、「いっただきま〜す！」と場を盛り上げるために声をあげるかもしれません。

紫の人は、食べ物ひとつひとつに宿っている『神様』に対して言っているのです。

どんな『神様』なのかは人それぞれですが、【使命力】のある人は、『神様』がいることにより、見てくれていることにより、解決する幾多のことを日々感じて生きているのです。

万物に宿る、目に見えない存在に対して、なんとなく畏敬の念があるのです。

Q3 『美』を追求していますか？

実はけっこう面食いです！

例えば異性の好みを考えるとき、

「外見！」

と、断言することはあまりないかもしれませんが、紫の人は違います。

外見を重要視するのです。面食いの人が多いです。

紫の人にとって、「美しいかどうか」ということは、その人の価値を左右する、とても大切な判断基準になります。

もちろん、

「造作が整っているかどうか」

というよりも、

「自分にとって、好みかどうか」

が優先するわけですが、外見が重要なのは同じです。

顔やスタイルだけではなく、ファッションセンスについても一過言あるようです。

美しい自分なりのファッションスタイルを確立している人は、それだけで紫の人にとって尊敬の対象になります。

紫の人が人生において大切にしていることは、『美しさ』なのです。

キャンプに行ったら、皆と働く手を休めて、湖畔の風景の美しさに感動しているかもしれません。

仕事中、美しい虹が空に架かっていたら、立ち止まって目を細めて、その美しさを賞賛するでしょう。

紫の人は、美しさのなかに『秩序』や『比率』を見つけ出します。

まるで数学の問題を考えるときのように、美を分析していきます。

一分の隙もない、完全なる状態を愛しています。

なので紫の強い人は、『完璧主義』という側面も併せもっています。

紫の人は、仕事をするときも『完璧主義』の傾向があって、自分なりの秩序ややり方を崩すことができないので、人に任せられず、ひとりで完璧に仕上げたい、と思うところがあるようです。

その完成されたひとつの世界をつくりあげることは、まるで完璧な小宇宙をひとつ創造したかのようです。自分の仕事の創造主たる姿勢は、【使命力】を高めます。

Q4 変わり者ですか？

皆とはちょっと違う個性派です！

紫色は、地球上に少ない色です。自然界には紫色のものがあまりありません。食べ物にもあまり見当たりません。

貴重な染料ということで、紫色は、昔から珍重されてきました。

紫色の人は、『個性派』『変わり者』『珍しい』『希少』等の言葉が当てはまります。

ひょっとしたら小さい頃から、

「自分はなんだか、周りの皆とはちょっと違うかも！」

と思っていたかもしれません。

皆が楽しそうにしていることが、あまり面白く感じられなかったり。

流行っているドラマや歌に、同調することができなかったり。

皆と同じ服装をすることに、抵抗を感じることが多かったり。

逆に、誰も着ていないブランドの服を着ることが喜びだったり。

あまり知られていない芸能人を応援していたり。

ゴールデンタイムの番組より、マニアックな夜中の番組が好きだったり。

一般的なものよりも、少数派のもの、個性派のものを好む傾向があるようです。

紫色の人は、「自分は何者とも違う、稀有な存在」と思っているので、「変わっているね」と言われても全く動じません。むしろ、「変！」と言われたほうが嬉しいかもしれません。「変」ということは、個性が際立っている、皆と異なっている、ということなので紫の人にとっては嬉しいことなのです。

【使命力】は、その人にしか出来ない、今回の人生でやるべきことであり、個性を輝かせることに他ならないのです。

個性的であれ、ということは【使命力】に直結するテーマなのです。

Q5

大好きな趣味がありますか？

寝食を忘れて没頭してしまいます！

小さい頃、

「また、それをやってるの？　勉強しなさい」

と怒られるほど、いつもいつも夢中になって時間を忘れてやっていたことはありませんか？

気がついたら、いつも絵を描いている。

庭の土いじりをしていると安心する。

本の虫といわれるほどの活字中毒。

歌と踊りが大好きで、休み時間にリサイタルを開いていた。

料理が好きで、小麦粉を混ぜているだけで幸せだった。

思い出してみてください。きっと『大好きで仕方がないこと』があったはずです。

最近はどうでしょうか？

『大好きで仕方がないこと』はありますか？

そしてそれをやる時間は取れていますか？

いきなり好きなことを仕事にできなくてもよいのです。

例え、一週間に一時間でもいいから、『大好きなことをやる時間』があるかどうかが大切なのです。さらにいうと、「これをやるのが大好きだ！」と本人が思えることがあるかどうかが、とても大切なのです。

紫の人は、そのことをとても上手に人生に取り入れています。趣味の話は、自分の個性を語ることができるので大好きです。

クルマにものすごく詳しくて何時間でも語ることができたり、コスメがとにかく大好きで、化粧品のことならなんでも知っていたり、スペインが大好きで小路にあるお店まで知っていたり……、とにかく「このことが大好き」というものをもっているのです。それに関わっているときは、寝食を忘れてしまうほどなのです。

大好きなことをやっているとき、人は魂レベルから輝いています。

嬉しくて仕方がない、ということは、その人が生まれてきた使命に近いことをしている証拠なのかもしれません。

ワイワイ大騒ぎする楽しさとは少し違います。

静かに没入するような嬉しさです。

この気持ちが【使命力】を高めるのです。

Q6

人生についてよく考えますか？

どうして生まれてきたんだろう

赤の人は、目の前の責任を全うすることに、本気で取り組んでいます。常に目の前の勝負が存在するので、その勝負たちに勝ち続けていくことで人生が忙しいのです。それは今月の売上数字だったり、今日の約束だったり、明日のプレゼンだったりするので、日常生活の責務そのものです。現実的で地に足がついています。

それに対して紫の人は、そういった日常の雑多なことから顔を上げて、青い空の、そのまた遠くにある『宇宙』や『神の国』に、思いを馳せています。「どうして生まれてきたんだろう」「本当に今の仕事でいいのだろうか」「雲の切れ間から天使たちが今の自分を心配そうに見ているのではないだろうか？」紫の人は、スピリチュアルな考え方をするところがあります。

スピリットというと、『霊』『魂』等と訳されています。
生まれる前、霊魂だった私たちは、現在の人生はこの肉体を乗り物として いると考えると、今回のこの人生を送るためにこの世に生まれてくるにあた り、確か「これをやりなさい」と誰かと約束してきたはずだったけど、それ は一体なんだっただろう……というような感じです。紫が強い人はスピリ チュアル的に人生を考える傾向があるようです。

納得できる答えが見つかれば、それがずばり【使命力】そのものになるわ けですが、最初にお伝えした通り、【使命力】は、いずれ到達する場所のよ うなものです。赤からの各ステップを省略して、いきなり紫のステップに行 くわけにはいきません。

いきなり使命を問うてしまうと、現実世界を否定してしまう恐れがあるか らです。

【使命力】は他の色の力たちと連動すると、ものすごい大きなチカラとなり うるものです。紫の人は、それを追い求める特性をもっているのです。

Q7 ミステリアスだと言われますか？

「不思議ちゃん」「謎の人」です！

常に天上に思いを馳せて、『自分ワールド』をもっている紫の人は、少し現実世界からは浮世離れしたキャラクターといえます。

現世の日常生活のことだけを一〇〇％の意識で行っているわけではなく、「今はこの役をやっている」

とでも思っているかのような、冷静な表情ももっています。

かと思うと、大好きなことには熱狂的に夢中になる情熱もあります。

情熱と冷静が同居した紫の人は、他の色の人から見ると、

「よく分からない」

「複雑で掴みづらい」

「現実的な話がしづらい」

「ファンタジック」

というような印象をもたれるので、『ミステリアス』と言われることが多いです。

情熱の赤と冷静の青を併せ持つ不安定さは、グラデーションのようにあいまいで、紫の人を艶《なま》めかしく見せます。紫の人にセクシーな魅力のある人が多いのは、そんなところに理由があるのです。

童話やファンタジーの登場人物のようでもあり、社会の常識を逸脱した自由な存在です。

紫の人は、その典雅で風流な性格から、実務的なことよりは、『芸術家』『作家』『映画監督』『詩人』『デザイナー』といったクリエイティブな才能に恵まれたりもします。枠を感じさせないひらめきや発想やセンスが、紫の人の財産なのです。

自分というキャラクターさえも、楽しげに演じているようなところがあるのは、【使命力】の証かもしれません。

Q8

この世界を祝福していますか？

生まれてきたことに感謝しています！

紫の人は、ときどき眩しそうにこの世の中を見つめているようなところがあります。

毎日いろいろと大変だけど、いろいろな事件があったりするけれど、それらをすべて内包したうえで、やっぱり世界はすばらしい、と賛美しているところがあります。

雨上がりの水溜りにさえ、美しさを感じたり、市井の人々が行き交う情景に涙ぐんだりするところもあります。

紫の人は、この世の登場人物としての視点と、もうひとつ天上からこの世を眺めている視点をもっているかのようです。

人生に対してもそうです。

すべて、これで足りている、これでOKと受け入れている、この人生を感謝している、これがすべてで、ただそれだけでいい、と感じているのです、それにはまず自分が深い癒しを得ること、自分自身を祝福できること、紫の【使命力】はそんなチカラを与えてくれるのです。

〔紫は自己実現の色〕

ここまで八つの問いに答えていただきましたが、いかがでしたか？　多ければ多いほど、【使命力】があるということです。あなたのなかに、紫の力【使命力】があるのを感じていただけましたか？

チャクラでいうと、紫は第七チャクラ。頭頂部分になります。第一チャクラの赤から大地のエネルギーをもらっています。第七チャクラの紫からは、天からのエネルギーをもらっているのです。

第七チャクラが開いていると、宇宙からのメッセージをたっぷり受けることができ、宇宙や神やこの世界や自分の人生を信頼できる気持ちを味わうことができます。

自然な信頼感をもって人生を送ることができるので、力みすぎたり、卑下しすぎることなく、自分に起こることは最善で、すべてベストタイミングで、すべてうまく行く、ということをなんとなく信じることができているのです。

古代の王たちが第七チャクラをしっかり守るために王冠をかぶっている、という説を聞いたことがありますが、天上とつながる何か大切なアンテナのようなものがこの箇所に存在することを、知っていたのかもしれません。

紫が足りないと、天や宇宙や神の存在を全く信じられず、すべてが偶然の産物だと考え、夢や奇跡に対しても懐疑的になり、人生そのものを信頼できなくなる可能性があります。

逆に紫が強すぎると、目の前の現実から逃避したくなったり、占い等のスピリチュアルなことに耽って神聖なる自分だけの世界から出られなくなったり、現実の生活を送りづらくなる可能性があるのです。

紫のバランスが取れていると、自分は宇宙の一部であるという穏やかな一体感を味わうことができ、人生や世界を信頼することができます。

これから将来に起こることに対しても、大いなる安心感を得ることができるのです。

〔紫の摂取方法〕

紫の力【使命力】をもっとつけたいと思う方は、日常生活に紫色を使ってみましょう。ラベンダーのような淡い紫でも、日本の伝統色のような濃い紫でも、その日の気分に合うものを選択してください。

逆に紫が強すぎてスピリチュアル的になりすぎたり、現実世界に対応しづらいと感じるときには紫を見るのを控えましょう。他の色を増やしていきましょう。

色はバランスが大切です。

食べ物の栄養素と同じです。

いろんな色を、バランスよく摂取してください。

最後に私がよく行っている「使命力の育成方法」をお伝えします。

〈紫色の入浴剤を入れて半身浴をする〉

癒しタイムには、紫色がぴったりです。のんびりリラックスして自分の人生を祝福してください。

〈紫色をアイメイクやネクタイに使う〉

芸術的でセンスのあるイメージや、セクシーで魅惑的な印象をつくることができます。

〈プレゼントの包装紙やリボンに紫色を使う〉

高級、希少といった意味があるので、「何かいいものをもらった！」と相手に喜んでもらうことができます。

〈大好きだったことを思い出し、休みの日にやってみる〉

例えば小さい頃、絵を描くのが好きだったとしたら、今度の休日に絵を描く時間をつくってみてはどうでしょうか？
夢中になる嬉しい気持ちを味わうことが【使命力】を育てます。

〈クラシックを聴く。美術館に行く〉
荘厳な芸術に触れて、魂がふるえるような感動を味わうことは、霊性を高めるよい方法です。

いかがでしたか？
七番目に整えていただきたい【使命力】についてお伝えしました。
ここまで七つのすごいチカラについて、順番にお伝えしてきました。
七色のバランスが整ったとき、人はとてつもない自己実現能力を発揮するのです。

赤の【本気力】で地に足をつけ、現実の責任を果たし、悔しさをエネルギーに変えて戦います。

オレンジの【色気力】で、遊んで、ときめいて、喜んで、かっこつけて、他者とコミュニケートできるようになります。

黄色の【自信力】で、自分をしっかりもち、自らが光輝いて、情報を使い、自分で意思決定をしていきます。

緑の【調和力】で、人を思いやり、仲間を大切にし、平和、調和を重んじて、人間同士愛し合って生きていきます。

青の【理想力】では、静けさを愛し、精神性を重んじ、真実を語り合い、夢を言葉にしていきます。

藍色の【直感力】は、感覚を研ぎ澄ませ、深いところにある本質を見つめ、野生の勘を頼りに未来を読んでいきます。

そして、紫の【使命力】で、生まれてきた意味を知り、宇宙を祝福し、人生に感謝し、すべてを信頼して、個性、魂を輝かせていきます。

どのステップもとても大切なものです。

この本では、赤から順番にお伝えしてきました。

ぜひ、赤から順番に整えていただきたいと思います。まずは根の部分、土台の部分からしっかりつくっていってほしいのです。

また、どの色がいいとか、悪いとか、優れているとか、劣っているというものではありません。どの色も同じように大切です。優劣をつけないで、バランスを重要視してください。

皆さんのカラーバランスが整うことで起こる、これからたくさんのよいことに、期待してください。

【紫】 使命力

		YES
Q1	アートに親しんでいますか？	□
Q2	信心深いですか？	□
Q3	『美』を追求していますか？	□
Q4	変わり者ですか？	□
Q5	大好きな趣味がありますか？	□
Q6	人生についてよく考えますか？	□
Q7	ミステリアスだと言われますか？	□
Q8	この世界を祝福していますか？	□

紫の合計点 ＿＿＿＿＿ 点

※ 3点以下……【使命力】は足りません。紫色をもっと摂取しましょう！
※ 4点～6点……【使命力】は標準です。他の色とのカラーバランスを取っていきましょう。
※ 7点以上……【使命力】は多いです。紫色の取りすぎに注意しましょう！

あとがき

――さあ、実践してください！――


最後までお読みいただき、ありがとうございます。

7色のチカラ、どれも強力です。

ぜひバランスよく取り入れて、今後の人生をより幸せに過ごすヒントとしていただけたら嬉しいです。

この本を読んだあとは、頭で理解するだけではなく、さっそく実践していただきたいと想います。色は感じるもの、味わうものです。たっぷり色彩を摂取して、その効果を堪能してください。

色を能動的に味わう日々になってはじめて、そのすごさをご理解いただけると思います。


7色のうち、皆さんにとって、多い色、少ない色等あったと思います。その

「多い少ない」も、個性ですので受け入れて自分を知る材料としてください。その上で、バランスを取るようにしてみると、自分が整ってニュートラルな本来の姿に戻る感じを味わっていただけると思います。

またしばらくするとバランスが崩れることもあるかもしれません。そうしたらまたその崩れた部分の色を摂取してください。

色はサプリメント。欠けているものは、その色を見ることで、味わうことで補ってください。どんどん人生が楽しく、そして輝いていくことを体感していただけると想います。

私は色をたっぷりと使うような日々になって、性格が変わり、それにより人生も変わりました。

私は青が強いので、青以外の色の人とは性格が違うなあ、と感じていましたが、世の中青い人だけでは成立しません。荒野を切り開いていく赤の人も必要ですし、芸術を紡ぎ出す紫の人も必要です。人間は750万から1000万色が見分けられるといいます。世の中には膨大な色彩があります。彩り豊か、というのはすばらしいことです。つまり、必要のない色は一色もないのです。それと同じように、どの色にも役割があり、個性がある。人間も必要のない人はひとりもいないのです。黄色の人、緑の人……たくさんの色の人がいるから世の中はすばらしいのです。カラーのことが分かって、このことを理解できてからは、嫌いな人がいなくなったので、本当に人生が楽しくなりました。

さらにいうと、本当は自分のなかに赤い人も、黄色の人も、青の人もいるのです。自分自身がすでに彩り豊かな存在だったのです。

ぜひ皆さんにも、色のすばらしさ、人のすばらしさを、この本に書いてあることを実践することによって感じていただけたら幸いです！

食べ物は口から摂取します。音楽は耳で聴いて味わいます。

色は、目で感じるもの、視覚情報です。

それぞれの色の摂取方法として、「青空を見る」「その色の服を着る」等の情報をお伝えしましたが、その色を見ることが大切です。

色を見るのにはいろいろな方法があります。洋服で着る、マグカップやハンカチ等の小物に使う、その色の食べ物や飲み物を摂取する、街の中でその色の看板や商品等を意識して見るようにするだけでも効果があります。

足りないチェック項目の色があったのであれば、その色の摂取を増やしてください。

そして全体のカラーバランスが整っていくことを感じていただければと思います。

最後になりますが、出版にあたり、今日まで私をお導きくださったすべての皆様に心より感謝申し上げます。

私にカラーを教えてくださった先生方、カラーのすばらしさを気づかせてくださり、分かりやすく情熱的に教えてくださり、ありがとうございます。

一緒に学んだ仲間の皆様、カラーという奥深いものに一緒に感動し、一緒に楽しみました。ありがとうございます。

私がカラーをお伝えする立場となり、受講してくださった生徒の皆様、私の言葉のひとつひとつを受け止めてくださり、実践してくださってありがとうございます。

ブログやメルマガを読んでくださっている皆様、とても励まされています。ありがとうございます。

これまでの人生でいろいろなことを教えてくださった会社の上司、先輩、学校の先生方、経営者の諸先輩方、『人生』や『仕事』というものを多角的に愛情をもって教えてくださり、ありがとうございます。

幸せな毎日を一緒に過ごしてくれている大好きな周りの仲間、スタッフ、友人の皆さん、ありがとうございます。

師匠と仰がせていただいている、株式会社サンリ会長、西田文郎先生、有限会社ナレッジプラザ代表、公認会計士でドラッカー研究者の佐藤等先生、お導きありがとうございます。

今回、すばらしい出版社エイチエスさんとのご縁をくださった有限会社ゴーアヘッドジャパン代表取締役、遠藤友彦さん、ありがとうございます。

そして、エイチエス株式会社専務取締役、斉藤和則さんありがとうございます。斉藤さんとの打ち合わせの後は、走って帰宅して原稿を書きたくなるような、すばらしい編集者さんです。

最後に、この世界の色彩のすばらしさをのびのび無邪気に味わえるように育ててくれた、函館の父、母、兄にありがとうを贈ります。

皆様の人生がますます彩り豊かになりますように。

二〇一〇年四月　吉田麻子

吉田麻子　Yoshida Asako

株式会社カラーディア代表取締役
Ｊカラースクール代表
日本色彩学会正会員
文部科学省後援ＡＦＴ色彩検定1級色彩コーディネーター
東京商工会議所商品色彩１級カラーコーディネーター
東京商工会議所環境色彩１級カラーコーディネーター
東京商工会議所ファッション色彩１級カラーコーディネーター
カラーセラピスト
日本パーソナルカラー協会認定パーソナルカラーアドバイザー

1970年生まれ。北海道函館市出身。

「人はカラーで必ず輝く！」をモットーに色彩学に基づいて全国で行っている各種講演・セミナーは「元気になれる！勇気が出た！」と定評がある。

色彩に関わる様々な検定において1級を取得しており、色彩によるホテル・企業の改装などコンサル実績も多数。また、女子ソフトボールを五輪金メダルに導いたブレーントレーニングの第一人者西田文郎氏に師事し経営者としての信念や器を磨くための特別な社長塾（西田塾）で学び、色彩との相乗効果を取り入れた新しい手法を開発・実践している。

吉田麻子へのお問い合わせ

（株）カラーディア
メール　yoshida@j-colors.com

●毎日届くメルマガ **「吉田麻子のカラーで人は必ず輝く☆★☆」**

00571983s@merumo.ne.jp
に空メール送信で購読できます。

●吉田麻子のBlog **「色彩の魔法～色彩検定からチャクラまで」**
http://blog.livedoor.jp/asakocolor/

●Ｊカラースクールホームページ　http://www.j-colors.com/

【7色のすごいチカラ!】

第1刷 —— 二〇一〇年五月二十五日
第2刷 —— 二〇一〇年十一月二〇日
著　者 —— 吉田麻子
発行者 —— 斉藤隆幸
発行所 —— エイチエス株式会社　HS Co., LTD.
064-0822
札幌市中央区北2条西20丁目1・12佐々木ビル
phone : 011.792.7130　fax : 011.613.3700
e-mail : info@hs-prj.jp　URL : www.hs-prj.jp
印刷・製本 —— 株式会社総北海
乱丁・落丁はお取替えします。

ISBN978-4-903703-22-8